सूरज को अँगूठा

[कविता-संग्रह]

सूरज को अँगूठा

जितेन्द्र श्रीवास्तव

राजकमल प्रकाशन

ISBN : 978-93-89577-83-9

मूल्य : ₹395

पहला संस्करण : 2020

प्रकाशक : राजकमल प्रकाशन प्रा.लि.
1-बी, नेताजी सुभाष मार्ग, दरियागंज
नई दिल्ली-110 002
शाखाएँ : अशोक राजपथ, साइंस कॉलेज के सामने, पटना-800 006
पहली मंजिल, दरबारी बिल्डिंग, महात्मा गांधी मार्ग, इलाहाबाद-211 001
36 ए, शेक्सपियर सरणी, कोलकाता-700 017
वेबसाइट : www.rajkamalprakashan.com
ई-मेल : info@rajkamalprakashan.com

मुद्रक : बी.के. ऑफसेट
नवीन शाहदरा, दिल्ली-110 032

SURAJ KO ANGOOTHA
Poems by Jitendra Srivastava

गुरुवर प्रोफेसर केदारनाथ सिंह
की
स्मृति को

क्रम

सपने अधूरी सवारी के विरुद्ध होते हैं

स्वप्न पालना
हाथी पालना नहीं होता
जो शौक रखते हैं
चमचों, दलालों और गुलामों का
कहे जाते हैं स्वप्नदर्शी सभाओं में
सपने उनके सिरहाने थूकने भी नहीं जाते

सृष्टि में मनुष्यों से अधिक हैं यातनाएँ
यातनाओं से अधिक हैं सपने
सपनों से थोड़े ही कम हैं सपनों के सौदागर

जो छोड़ देते हैं पीछा सपनों का
ऐरे-गैरे दबावों में
फिर लौटते नहीं सपने उन तक

सपनों को कमजोर कन्धे
और बार-बार चुंधियानेवाली आँखें
रास नहीं आतीं

उन्हें पसन्द नहीं वे लोग
जो ललक कर आते हैं उनके पास
फिर छुई-मुई हो जाते हैं

सपने अधूरी सवारी के विरुद्ध होते हैं।

तमकुही कोठी का मैदान

तमकुही कोठी निशानी होती
महज सामन्तवाद की
तो निश्चित तौर पर मैं उसे याद नहीं करता

यदि वह महज आकांक्षा होती
अतृप्त दिनों में अघाए दिनों की
तो यकीनन मैं उसे याद नहीं करता

मैं उसे इसलिए भी याद नहीं करना चाहता
कि उसके खुले मैदान में खोई थी प्राणों सी प्यारी मेरी साइकिल
सन् उन्नीस सौ नवासी की एक हंगामेदार राजनीतिक सभा में

लेकिन मैं उस सभा को नहीं भूलना चाहता
मैं उस जैसी तमाम सभाओं को नहीं भूलना चाहता
जिनमें एक साथ खड़े हो सकते थे हजारों पैर
जुड़ सकते थे हजारों कन्धे
एक साथ निकल सकती थीं हजारों आवाजें
बदल सकती थीं सरकारें
कुछ हद तक ही सही
पस्त हो सकते थे निजामों के मंसूबे

मैं जिस तरह नहीं भूल सकता अपना शहर
उसी तरह नहीं भूल सकता
तमकुही कोठी का मैदान

वह सामन्तवाद की कैद से निकलकर
कब जनतंत्र का पहरूआ बन गया
शायद उसे भी पता न चला

ठीक-ठीक कोई नहीं जानता
किस दिन शहर की पहचान में बदल गया वह मैदान

न जाने कितनी सभाएँ हुईं वहाँ
न जाने किन-किन लोगों ने कीं वहाँ रैलियाँ
वह जन्तर-मन्तर था अपने शहर में

आपके शहर में भी होगा या रहा होगा
कोई न कोई तमकुही कोठी का मैदान
एक जन्तर-मन्तर

सायास हरा दिए गए लोगों का आक्रोश
वहीं आकार लेता होगा
वहीं रंग पाता होगा अपनी पसन्द का

मेरे शहर में
जिलाधिकारी की नाक के ठीक नीचे
उसी मैदान में
रचा जाता था प्रतिरोध का सौन्दर्यशास्त्र

वह जमीन जो ऐशगाह थी कभी सामन्तों की
धन्य-धन्य होती थी
किसानों-मजूरों की चरण धूलि पाकर

समय बदलने का
एक जीवन्त प्रतीक था तमकुही कोठी का मैदान
लेकिन समय फिर बदल गया
सामन्तों ने फिर चोला बदल लिया

अब नामोनिशान तक नहीं है मैदान का
वहाँ कोठियाँ हैं फ्लैट्स हैं
अब आम आदमी वहीं बगल की सड़क से
धीरे से निकल जाता है
उस ओर
जहाँ कचहरी है

और अब आपको क्या बताना
आप तो जानते ही हैं
जनतंत्र में कचहरी मृगतृष्णा है गरीब की।

पत्नी पूछती है कुछ वैसा ही प्रश्न जो कभी पूछा था माँ ने पिता से

ए जी, ये लोकतंत्र क्या होता है?

पूछा था माँ ने पिता जी से
कई वर्ष पहले जब मैं किशोर था

माँ के सवाल पर
थोड़ा अकबकाए फिर मुस्कुराए थे पिताजी

माँ समझ गयी थी
वे टाल रहे हैं उसका सवाल
उसने फिर पूछा था—
बताइए न, ये लोकतंत्र क्या होता है?

अब पिता सतर्क थे
'सतर्क' के हर अर्थ में
उन्होंने कहा था—
तुम जानती हो लोकतंत्र की परिभाषा उसके निहितार्थ
पढ़ाती हो बच्चों को
फिर मुझसे क्यों पूछती हो, क्या दुविधा है?

माँ ने कहा था—
दुविधा ही दुविधा है
उत्तर की सुविधा भी एक दुविधा है
जो शब्दों में है
अभिव्यक्ति में पहुँच नहीं पाता
जो अभिव्यक्ति में पहुँचता है
जीवन में उतर नहीं पाता

ऐसा क्यों है
प्रेम की तरह लोकतंत्र दिखता खुला-खुला सा
पर रहस्य है!

जब जो चाहे
कभी भाषा से
कभी शक्ति से
कभी भक्ति से
कभी छल कभी प्रेम से
अपनी सुविधा की व्याख्या रच लेता है
और काठ के घोड़े-सा लोकतंत्र टुकुर-टुकुर ताकता रह जाता है

यह सब कहते हुए
स्वर शान्त था माँ का

कोई उद्विग्नता, क्षणिक आवेश, आवेग, आक्रोश न था उसमें
जैसे कही गई बातें महज प्रतिक्रिया न हों
निष्पत्तियाँ हों सघन अनुभव की
लोकतंत्र की आकांक्षा से भरे एक जीवन की

और यह सब सुनते हुए
जादुई वाणी वाले सिद्ध वक्ता मेरे पिता
चुप थे बिलकुल चुप
जैसे मैं हूँ इस समय
उस संवाद के ढाई दशक बाद
अपनी पत्नी के इस सवाल पर
ए जी, ये बराबरी क्या होती है?

खेतों का अस्वीकार

आज ज्योंही मैं पहुँचा
गाँव के गोंइड़े वाले खेत में
उसने नजर उठाकर देखा पल भर
फिर पूछा
कहो बाबू, कहाँ से आए हो
कुछ-कुछ शहरी जान पड़ते हो?

लगता है
कोई जान-पहचान है इस गाँव में
इधर निकल आए हो शायद निवृत्त होने!

मैं अचरज में पड़ा हुआ
किंकर्तव्यविमूढ़-सा खड़ा हुआ
ताकने लगा निर्निमेश उसको
जिसकी मिट्टी में लोट-लोट लहलोट हुआ
मैं बचपन में खेला करता था

मैं भागा तेज वहाँ से
पहुँचा नदी किनारे वाले चक में
चक ने देखा मुझको
कुछ चकमक-चकमक-सा लगा उसे

थोड़ी देर रहा चुप वह
फिर पूछा उसने
किसे ढूँढ़ रहे हो बाबू
इतनी बेसब्री से
यहाँ तो आँसू हैं
हत सपने हैं
अकथ हुई लाचारी है
लेकिन तुम कुछ अलग-अलग दिखते हो
कहाँ रहते हो?

इधर कहाँ निकल आए हो
यहाँ धूल है मिट्टी है
सड़क के नाम पर गिट्टी है
चारों ओर पसरा हुआ
योजनाओं का कीचड़ है

खैर छोड़ो, कहाँ से आए हो
क्या करते हो
आखिर इतना चुप क्यों हो
क्या कभी नहीं कुछ कहते हो?

मैं ठकुआया खड़ा रहा
बहता रहा आँखों का द्रव
मैं भूला
भूला रहा बरस-बरस बरसों-बरस जिन खेतों को
यही सोच-सोच कि मालिक हूँ उनका
उन खेतों ने सचमुच मुझको भुला दिया था

कुछ देर
मैं अवसन्न खड़ा रहा सच के सिरहाने

देवियो-सज्जनो
मालिक बनने को उत्सुक लोगो
आज उन खेतों ने
मुझे पहचानने से इनकार कर दिया है
जिनके मालिक थे मेरे दादा
उनके बाद मेरे पिता
और उनके बाद मैं हूँ
बिना किसी शक-सुब्हे के

आप सब अचरज में पड़ गए हैं सुनते-सुनते
यकीन नहीं कर पा रहे मेरी बातों का
पर सच यही है सोलह आना
कि मैं मालिक हूँ जिनका खसरा खतौनी में
उन खेतों ने
मुझे पहचानने से इनकार कर दिया है।

रामदुलारी

रामदुलारी नहीं रहीं
गईं राम के पास
बुझे स्वर में कहा माँ ने

मैं अपलक निहारता रहा माँ को थोड़ी देर
उनका दुःख महसूस कर सकता था मैं

रामदुलारी सहयोगी थीं माँ की
तीस वर्ष से लम्बी अवधि तक
माँ के कई दुःखों की बँटाईदार

माँ के अलावा सब दाई कहते थे रामदुलारी को
काम में नाम डूब गया था उनका
कभी-कभी माँ उनके साहस के किस्से सुनाती थीं

सन् दो हजार दस में तिरासी वर्ष की आयु में
दुनिया से विदा हुईं रामदुलारी ने
कोई तिरसठ वर्ष पहले सन् उन्नीस सौ सैंतालीस में
पियक्कड़ पति की पिटाई का प्रतिरोध करते हुए
जमकर धुला था उसे
गाँव भर में दबे स्वर में

लोग कहने लगे थे उन्हें मर्द मारन
पर हिम्मत नहीं थी किसी में सामने मुँह खोलने की

रामदुलारी ने वर्षों पहले
जो पाठ पढ़ाया था अपने पति को
उसका सुख भोग रही हैं
गाँव की नई पीढ़ी की स्त्रियाँ
उनमें गहरी कृतज्ञता है रामदुलारी के लिए
वे उन्हें 'मर्द मारन' नहीं
'योद्धा' की तरह याद करती हैं

जातियों में सुख तलाशते गाँव में
हमेशा जाति को लांघा था रामदुलारी ने
कोई भेद नहीं था उनमें बड़े-छोटे का
सबके लिए चुल्लू भर पानी था उनके पास

माँ कहती हैं
व्यर्थ की बातें हैं बड़ी जाति अपार धन
रामदुलारी न किसी बड़ी जाति में पैदा हुई थीं
न धन्ना सेठ के घर
पर उनके आचरण ने सिखाया हमेशा
निष्कलुष रहने का सलीका
बाभनों, कायस्थों, ठाकुरों, बनियों, भूमिहारों में
डींगें चाहे जितनी बड़ी हों अपनी श्रेष्ठता की
पर कोई स्त्री-पुरुष नहीं इनमें
जो आस-पास भी ठहर सके रामदुलारी के।

चुप्पी का समाजशास्त्र

उम्मीद थी
मिलोगे तुम इलाहाबाद में
पर नहीं मिले

गोरखपुर में भी ढूँढ़ा
पर नहीं मिले

ढूँढ़ा बनारस, जौनपुर, अयोध्या, उज्जैन, मथुरा, वृन्दावन, हरिद्वार
तुम नहीं मिले

किसी ने कहा
तुम मिल सकते हो ओरछा में
मैं वहाँ भी गया
पर तुम कहीं नहीं दिखे

मैंने बेतवा के पारदर्शी जल में
बार-बार देखा
आँखें डुबोकर देखा
तुम नहीं दिखे

तुम नहीं दिखे
गढ़ कुंडार के खंडहर में भी

मैं भटकता रहा
बार-बार लौटता रहा
तुमको खोजकर
अपने अँधेरे में

न जाने तुम किस चिड़िया के खाली खोते में
सब भूल-भाल सब छोड़-छाड़
अलख जगाए बैठे हो

ताकता हूँ हर दिशा में
बारी-बारी चारों ओर
सब चमाचम है

कभी धूप कभी बदरी
कभी ठंडी हवा कभी लू
सब कुछ अपनी गति से चल रहा है

लोग भी खूब हैं धरती पर
एक नहीं दिख रहा
इस ओर कहाँ ध्यान है किसी का
पैसा पैसा पैसा
पद प्रभाव पैसा
यही आचरण
दर्शन यही समय का

देखो न
बहक गया मैं भी
अभी तो खोजने निकलना है तुमको

और मैं हूँ
कि बताने लगा दुनिया का चाल-चलन

पर किसे फुर्सत है
जो सुने मेरा अगड़म-बगड़म
किसी को क्या दिलचस्पी है इस बात में
कि दिल्ली से हजार किलोमीटर दूर
देवरिया जिले के एक गाँव में
सिर्फ एक कट्ठे जमीन के लिए
हो रहा है खून-खराबा
पिछले कई वर्षों से

इन दिनों लोगों की समाचारों में थोड़ी-बहुत दिलचस्पी है
वे चिन्तित हैं अपनी सुरक्षा को लेकर
उन्हें चिन्ता है अपने जान-माल की
इज्जत आबरू की

पर कोई नहीं सोच रहा उन स्त्रियों की
रक्षा और सम्मान के बारे में
जिनसे सम्भव है
इस जीवन में कभी कोई मुलाकात न हो

हमारे समय में निजता इतना बड़ा मूल्य है
कि कोई बाहर ही नहीं निकलना चाहता उसके दायरे से

वरना क्यों होता
कि आजाद घूमते बलात्कारी
दलितों-आदिवासियों के हत्यारे

शासन करते
किसानों के अपराधी

सब चुप हैं
अपनी-अपनी चुप्पी में अपना भला ढूँढ़ते
सबने आशय ढूँढ़ लिया है
जनतंत्र का
अपनी-अपनी चुप्पी में

हमारे समय में
जितना आसान है उतना ही कठिन
चुप्पी का भाष्य

बहुत तेजी से बदल रहा है परिदृश्य
बहुत तेजी से बदल रहे हैं निहितार्थ

वह दिन दूर नहीं
जब चुप्पी स्वीकृत हो जाएगी
एक धर्मनिरपेक्ष धार्मिक आचरण में

पर तुम कहाँ हो
मथुरा में अजमेर में
येरुशलम में मक्का-मदीना में
हिन्दुस्तान से पाकिस्तान जाती किसी ट्रेन में
अमेरिकी राष्ट्रपति के घर में
कहीं तो नहीं हो

तुम ईश्वर भी नहीं हो
किसी धर्म के
जो हम स्वीकार लें तुम्हारी अदृश्यता

तुम्हें बाहर खोजता हूँ
भीतर डूबता हूँ
सूज गई हैं आँखें आत्मा की

नींद बार-बार पटकती है पुतलियों को
शिथिल होता है तन-मन-नयन
पर जानता हूँ
यदि सो गया तो
फिर उठना नहीं होगा
और मुझे तो खोजना है तुम्हें

इसीलिए हारकर बैठूँगा नहीं इस बार
नहीं होने दूँगा तिरोहित
अपनी उम्मीद को

मैं जानता हूँ
खूब अच्छी तरह जानता हूँ
एक दिन मिलोगे तुम जरूर मिलोगे
तुम्हारे बिना होना
बिना पुतलियों की आँख होना है।

रुकना

समय रुकता तो पोखर का पानी हो जाता
तुम रुकतीं तो जीवन आकाश हो जाता
हम दोनों साथ होते तो जीवन का छोर नहीं
सिर्फ ओर दिखता

लोग थक जाते ताकते-ताकते
सिर्फ खुशियों का जलधि विशाल दिखता
हँसी का उजास दिखता

पर न समय रुका
न तुम!

बस मैं ही रुका रहा स्मृतियों के घाट पर
अंजुरी में जल सँभाले।

विदा गीत

घड़ी का रुकना समय का रुकना नहीं होता
फूल का झड़ना फूलों के खिलने का रुकना नहीं होता
तुम जाना चाहती हो
जाओ...

मैं कैसे रोक सकता हूँ किसी की यात्रा!
पर ठहरना जब किसी ठाँव किसी गाँव
निकालना कोई पल अलसाया हुआ ही सही
और ताकना पलटकर

तुम भले ही न देख पाओ मुझे
मैं देख लूँगा तुम्हें उसी क्षण

मैं कुछ और जानूँ न जानूँ
यह तो जानता ही हूँ
कि प्रिय का जाना
प्रिय को खोना नहीं होता।

पूर्ण इच्छाएँ अधूरी इच्छाएँ

पूर्ण इच्छाएँ
धीरे से छुड़ा लेती हैं दामन
अधूरी इच्छाएँ
परछाईं की तरह लगी रहती हैं साथ

वे कभी होने नहीं देतीं अकेला
जब सब छोड़ जाते हैं बारी-बारी
जब मन भागने लगता है
जाड़े की नरम धूप से भी
जब दूर तक दिखता है उजाड़ ही उजाड़
जब आँखों में नींद होती भी है और नहीं भी
जब पछुआ में भी उभरने लगता है देह का दर्द
तब अधूरी इच्छाएँ धीरे से थाम लेती हैं दामन

पूर्ण इच्छाएँ
बस पत्थर हैं मील का
अधूरी इच्छाएँ
सहचर हैं मंजिल की।

सूरज को अँगूठा

कुछ रास्ते पराजय के दिनों की याद दिलाते हैं
कुछ संशय भरे दिनों की

एक दिन किसी रास्ते पर चलते हुए
अचानक याद आता है वह सहयात्री
जो अँधेरे में चमका था जुगनू की तरह

जब रास्ते याद आते हैं वे बसें भी याद आती हैं
जो परियों की तरह ले गईं स्वप्न की दिशा में
जिन्होंने खूब सहे हमारी नींद के झटके
पर कभी की नहीं कोई शिकायत

उन्होंने हमारा दु:ख सहा सगी बहनों की तरह
और दौड़ीं जहाँ तक सम्भव हुआ
हमारे सुख की प्रत्याशा में

अभी जिन रास्तों पर बची हैं पराजय की स्मृतियाँ
उन पर किसी दिन किसी बस से गुजरते हुए
लोगों को दिखेंगे कुछ बच्चे
लाल गुद्दे वाले अमरूद खाते हुए
ठहाका लगाते हुए
पूर्वजों के पराजय के इतिहास को धाँगते हुए
माथे पर चढ़ आए सूरज को अँगूठा दिखाते हुए।

एक एस्प्रिन मुझे भी दे दो!

भयंकर जुकाम से जूझते हुए
आज मैंने पढ़ी फ़र्नान्दो पेसोआ की कविता
और याद किया
कि मेरे पिता को भी होता था तेज जुकाम
वे छींकते थे तो सुन लेता था
गाँव के दूसरे छोर पर बैठा चौकीदार

अक्सर हँसते हुए कहता था वह—
मुंशी जी हर काम कलेजे से करते हैं
वह छींकना हो या लड़ना हो मुकदमा
तबीयत में आने नहीं देते कोई भेद

वैसे छींकते तो मेरे नाना भी थे
और मेरा पड़ोसी भी छींकता है दम लगाकर
और पड़ोसी का पड़ोसी भी कम नहीं है छींकने में
जाहिर है, मेरे इस जुकाम में कोई नयापन नहीं है कहीं से भी
बस इसके अलावा कि इस समय
नाक मेरी लाल है और गले में बर्छियाँ
न पड़ोसी के चल रही हैं न मेरे किसी पूर्वज के

आज रात जगूँगा मैं ही अकेले
चाँद के साथ-साथ

यह कविता भी सो जाएगी थोड़ी देर के लिए
आज तारे भी नहीं उतरेंगे नापने मेरा बुखार
और यह जो चल रही है पुरवाई लोगों में भरती हुई उन्माद
रात भर तोड़ेगी मुझे

मेरे एक करवट बबूल है
दूसरे करवट भटकोइया

इस समय लिखते हुए यह दुःख
मेरी कलम उगल रही है स्याही
और मेरी आँखों से लगातार गिर रहा है गरम पानी

ओ फ़र्नान्दो!
एक एस्प्रिन मुझे भी दे दो!!

जनतंत्र में जनता

धूप तेज है माहौल सर्द
सन्नाटा पसरा है गाँव में
सब न जाने कहाँ गए!

माँ बीमार है मन अशान्त
कभी अपने वैभव से चकित करनेवाली नदी
अब रेख की तरह बची है

चीजें जहाँ-तहाँ बिखरी हैं
कुछ लूट रहे हैं कुछ सहमे हैं बेतरह
अजब-सा माहौल है
न आँखों में उतर रहा है रक्त
न खुलकर बह रहे हैं आँसू !!

लोकतंत्र का समकालीन प्रमेय

कल अचानक मिले रुद्रपुर में जगप्रवेश
मेरे बाल सखा
हाफ पैंटिया यार

मूँछों में आ चुकी सफेदी
खुँटियाई दाढ़ी से ताल मिला रही थी
अब उतनी बेफिक्री उतना संवरापन नहीं था
जितना होता था नेहरू माध्यमिक विद्यालय में साथ पढ़ते हुए

धधाकर मिले जगप्रवेश
खूब हँसे हमारे मन
हमने याद किया अपने शिक्षकों और सहपाठियों को
हालचाल लिया एक दूसरे के परिवार का
और खूब प्रसन्न हुए इस बात पर
कि दोनों पिता हैं दो-दो बेटियों के

जगप्रवेश को मालूम था मेरे बारे में
बड़े भाई साहब ने बहुत कुछ बता दिया था उन्हें
वे खुश थे अपने मित्र की खुशी में
मैं भी कुछ-कुछ जानता था उनके बारे में
मसलन यह कि वे कोटेदार हैं
एक राजनीतिक पार्टी के स्थानीय नेता हैं

उनकी पत्नी शिक्षिका हैं
और एक बड़ा-सा घर है शहर में उनके नाम

बात-बात में पता लगा
जगप्रवेश विधायक होना चाहते हैं
उन्होंने खूब धन-बल जुटाया है बीच के दिनों में
टिकट का प्रबंध पक्का है
उन्होंने आँकड़े इकट्ठा कर लिये हैं जातियों के
उनकी अपनी जाति के वोट हैं ढेर सारे

कल बहुत सारी इधर-उधर की बातें करते हुए
जगप्रवेश ने धीरे से कहा मुस्कुराते हुए
आपको भी मेरा साथ देना होगा भाई साहब
हम जाति भाई नहीं लेकिन दोस्त हैं पुराने
आपके आने से बल मिलेगा
आपकी जाति का एकमुश्त वोट मिल जाएगा मुझे

और मित्रो! इस तरह मैं
अचानक मित्र से एक जाति में बदल गया
मैं अचरज में था
कि स्कूल के दिनों में
गणित में बेहद होशियार जगप्रवेश
अब भाषा और रिश्तों में
नए प्रमेय गढ़ रहा था

मुझे कोई आश्चर्य नहीं होगा
जो किसी दिन आपको भी मिले आपका कोई पुराना मित्र
लोकतंत्र का पहरुवा बनने को उत्सुक विकल
और धीरे से बातों ही बातों में
आपको रूपांतरित कर दे एक जाति में।

किरकिरा रही है आत्मा धरती की

बरस कर लौट गए बादल क्षितिज की छाँह में
यहाँ पसर गया नमक चहुँओर
तन मन नयन से रिस-रिस कर

अभी-अभी तो चढ़ा था वैशाख
उम्मीदें नाच रही थीं खेत से खलिहान तक

अब चारों ओर नमक ही नमक है
किरकिरा रही है आत्मा धरती की।

दिल्ली में एक दिन भर जाना भीतर तक

पिछले शुक्रवार मेरे घर आए वृद्धिचन्द गुप्ता
अपने छोटे भाई विश्वम्भर के साथ

वर्षों बाद मैंने देखा उन्हें
उन्होंने देखा मुझे यह कहते हुए
कि कहीं राह में मिलता
तो यकीनन पहचान नहीं पाता जितेन्द्र बाबू

मैंने कहा, लेकिन बहुत अन्तर नहीं आया है आपके चेहरे में
आपको कैसे भूल सकता हूँ मैं
न जाने कितनी बार खरीदी मैंने
आपकी दुकान से खड़िया, पेंसिल, स्याही और चाकलेट

भइया, आदमी जीवन में चाहे जितना आगे निकल जाए
उसकी स्मृति में शामिल हो जाएँ चाहे ढेर सारी दूसरी बातें
या वह भुला दे बहुत कुछ सायास
फिर भी नहीं भुला पाता अपना बचपन

बचपन चेतना का वह हिस्सा है
जिसे नींद नहीं आती मृत्यु से पहले

बहुत देर तक हम बैठे बतियाते रहे
मैं पूछता रहा गाँव के लोगों के बारे में

वे बताते रहे
कि कितना विकट हो चला है गाँव
हालाँकि भौतिक प्रगति भी खूब हुई है
अब भुखमरी नहीं रही पहले की तरह
तीन सौ घरों वाले गाँव में
कम से कम दो सौ मोटरसाइकिलें तो हैं ही इन दिनों

अब नवरात्रि में कई मूर्तियाँ स्थापित होती हैं दुर्गा जी की
ताजिए की कर्बला यात्रा में अब भी
पहले की तरह शामिल होते हैं हिन्दू
वैसे अब भी साल में हो ही जाते हैं एक-दो कत्ल
जमीन-जायदाद को लेकर

उन्होंने कहा यूँ ही बतियाते-बतियाते
कि अब पहले वाली बात नहीं रही
लाज-लिहाज कम हुआ है गाँव में

थोड़ी देर चुप रहे हम लोग
फिर मैंने पूछा
अब भी ठीक से चलती है दुकान?
उन्होंने कहा
दुकान अब बहाना है समय काटने का
बेटा इंजीनियर है इंडियन ऑयल में
अब कोई दिक्कत नहीं रही जीवन में
इधर-उधर बैठने, लगाने-बझाने से
लाख गुना अच्छा है दुकान पर बैठे रहना

बाबू, बाप-दादा की विरासत है
जब तक चल जाए चलाऊँगा

जब थक जाएगी देह
बढ़ा दूँगा दुकान पूर्वजों से क्षमा माँगते हुए

विश्वम्भर के याद दिलाने पर
एक-दो बातें याद कीं उन्होंने मेरे बचपन की
मेरे सहपाठियों की

सुनकर मुस्कुराईं मेरी बेटियाँ
मैं भी मुस्कुराया भीतर ही भीतर
बहुत दिनों बाद
मैंने खुद को पाया भरा-भरा
बहुत दिनों बाद
किसी के जाने पर घर खाली-खाली लगा।

नए का स्वप्न

नए का स्वप्न देखना चेतन होना है
कभी मैल नहीं जमती स्वप्न की देह पर
वह बीतकर भी बीतता नहीं है कभी

कभी-कभी वह बचा रहता है
नीम के स्वाद में
कभी पीछे छूट गई किसी बेचैन रात में
कभी किसी मधुमक्खी की उम्मीद में
कभी प्रियतमा की पुतलियों की कोर में
कभी किसी दोस्त की स्मृति में

कभी अचानक खड़ा हो जाता है वह
बिलकुल सामने आदमकद
किसी तुरंत तोड़े गए फूल से निकलकर
कभी अचानक मिलता है नदी की हिलोर में
ठीक अरुणोदय के पलों में

सब जानते हैं
नई चीजों में नई चमक होती है
सदियों से हर पीढ़ी कहती रही है यह
अगली पीढ़ी से

कभी-कभी मुलम्मा उतरने का
मुहावरा भी आता है बीच में

धीरे-धीरे बीत जाता है वक्त
नदियाँ सूख जाती हैं
उजड़ जाते हैं बाग-बगीचे
विस्मरण लील लेता है बहुत कुछ
बीत जाती हैं पीढ़ियाँ
पर बीतकर भी नहीं बीतता
नए का स्वप्न!

संजना तिवारी

आप निश्चित ही जानते होंगे
ऐश्वर्या राय, प्रियंका चोपड़ा, कैटरीना कैफ़
एंजलीना जोली, सुष्मिता सेन सहित कई दूसरों को भी
और यकीन जानिए मुझे रत्ती भर भी ऐतराज नहीं
कि आप जानते हैं
जमाने की कई मशहूर हस्तियों को

लेकिन क्या आप जानते हैं संजना तिवारी को भी ?

संजना तिवारी ने अभिनय नहीं किया
एकता कपूर के किसी धारावाहिक में
वे किसी न्यूज चैनल की एँकर भी नहीं हैं

मेरी अधिकतम जानकारी में उन्होंने
कोई जुलूस नहीं निकाला कभी

चमक-दमक
लाभ-हानि
प्रेम और घृणा के गणित में पड़े संसार को
ठेंगा दिखाती हुई
वे फुटपाथ पर बेचती हैं दुनिया का महान साहित्य

और उन पत्रिकाओं को जिनमें
श्रृंगार, जिम और मुनाफे पर कोई लेख नहीं होता

वैसे वे चाहतीं तो खोल सकती थीं
प्रसाधन का कोई छोटा-सा स्टोर
या ढूँढ़ सकती थीं अपने लिए कोई नौकरी
न सही किसी मल्टीनेशनल कम्पनी में
किसी प्रकाशन संस्था में टाइपिस्ट की ही सही

ऐसा तो हो नहीं सकता
कि कोई घर न हो उनका
और यह कैसे हो
कि घर हो और उम्मीद न हो

यह कहने-सुनने में चाहे जितना अटपटा लगे
पर सच यही है
घर और उम्मीद में वही रिश्ता है
जो सांसों और जीवन में होता है
खैर, छोड़िए इन बातों को
और थोड़ी देर के लिए
दुनिया को देखिए संजना तिवारी की निगाह से
जो इस बेहद बिकाऊ समय में
अब कम-कम बिकनेवाली
सपनों से भरी उन इबारतों को बेचती हैं
जो फर्क करना सिखाती हैं
सपनों के सौदागरों और सर्जकों के बीच

संजना तिवारी महज एक स्त्री का नाम नहीं है
किताबें बेचना उनका खानदानी व्यवसाय नहीं है

वे किसी भी 'साहित्यिक' से अधिक जानती हैं
साहित्यिक पत्रिकाओं के बारे में

वे सुझाव भी देती हैं नए पाठकों को
कि उन्हें क्या जरूर पढ़ना चाहिए

संजना तिवारी महज एक नाम नहीं
तेजी से लुप्त हो रही एक प्रवृत्ति हैं
जिसका बचना बहुत जरूरी है

और जाने क्यों मुझे
कुछ-कुछ यकीन है आप सब पर
जो अब भी पढ़ते-सुनते हैं कविता
जिनकी दिलचस्पी बची हुई नाटकों में
जिनके सपनों का रंग अभी नहीं हुआ है धूसर

इसलिए अगली बार जब भी जाइएगा मंडी हाउस
श्रीराम सेंटर के सामने
पेड़ के नीचे दरी पर रखी सैकड़ों किताबों-पत्रिकाओं में से
कम से कम एक जरूर ले आइएगा अपने साथ

और यकीन रखिए आपका यह उपहार
किसी और पर फर्क डाले न डाले
दाल में नमक जितना ही सही
जरूर डालेगा अगली पीढ़ी पर।

एक नई स्त्री का आत्मकथ्य

मुझे देह के उत्सव में नहीं डूबना
अभी लड़नी है लम्बी और निर्णायक लड़ाई

मैं महज एक देह नहीं
स्वप्न हूँ
माँ की आँखों की कोरों में समाई हुई
मुझे बहना नहीं काजल की तरह
शामिल होकर देह के उत्सव में

प्रलोभन चाहे जितना बड़ा हो
मैं झुकूँगी नहीं किसी डीह के आगे
लाँघूँगी हर खाई दीठे खोलकर
मुझे नहीं चाहिए किसी और के हिस्से का प्रकाश
किसी और के हिस्से का साहस

मुझे नहीं शामिल होना
देह के जादुई उत्सव में

मैं थूकती हूँ
लालसाओं के बजबजाते महलों पर
मेरी नजर में वे गए बीते हैं किसी घूरे से

मुझे लुभाता है समुद्र का आवेग
लुभाती है हिमालय की ऊँचाई

मैं स्त्री हूँ
प्रकाशित हूँ अपने ही प्रकाश से
हमी से उधार लिया है सूर्य ने अँजुरी भर उजाला
चन्द्रमा ने चुटकी भर शीतलता
पृथ्वी ने गदोरी भर धैर्य

हमारी बाँहों में समा सकते हैं
कई-कई आसमान

मैं अबला नहीं
एक स्त्री हूँ
मुझे नहीं डूबना प्रायोजित देह के उत्सवों में!

जीवन-राग

आज कबाड़ी ले गया वह आलमारी
जिसे खरीदा था मैंने बभनान के बाजार में

वह तपती मई की एक तिजहरी थी
जब ठेले पर लद कर वह पहुँची थी घर
और देर शाम भर गई थी किताबों से

उसमें लगे आदमकद शीशे के सामने खड़े होकर
अक्सर बेटियाँ इठलाती थीं अपनी माँ के दुपट्टे लपेटकर
और मुस्कुराते थे हम दीया-बाती

कुछ तस्वीरें भी हैं उन दिनों की
जब हम साध रहे थे जीवन-राग

यह भी अजब संयोग है
कि मई की एक दोपहर फिर बिक गई वह
बदल गया किताबों का आशियाना

हमारा मूल्यवान सँभालते-सँभालते
आज बेमोल बिकी वह
कबाड़ी के लिए एक जर्जर टीन की चादर है
उसके लिए शायद उसे होना भी चाहिए इतना ही

वह नहीं हो सकता भाव विह्वल
और हम भी जब खरीद कर लाए थे उसे
तब कहाँ थी वह स्मृतियों का ऐसा एलबम
जिसमें शामिल हो बेटियों का बचपन
और हम दीया-बाती की भरपूर जवानी

अजीब शै हैं कबाड़ी भी
बारी-बारी चली जाती हैं वे सारी चीजें उनके साथ
जिनको बड़ी मुश्किल से
हमने शामिल किया होता है कभी जीवन में
जिनके शामिल होने से
रत्ती भर ही सही
जरूर आई होती है मुस्कान दीया-बाती के होंठों पर।

बीता समय

कल वर्षों बाद मिला वह कचहरी चौराहे पर
हम गले लगे
एक दूसरे का हालचाल पूछा
थोड़ी देर बैठे
चाय वाली गुमटी के सामने रखी बेंच पर

वह बहुत बदला-बदला सा था
थोड़ा थका-हारा भी

मैंने सोचा पूछूँ—
'तुम ऐसे तो न थे
नीम का सा तीखापन था तुममें
सूख कब से गईं
क्रोध में छलछला जाती आँखें?

तुम ऐसे तो न थे दोस्त!

तुम बोलते थे
जैसे तूफान आया हो कोई
तुम हँसते थे
और जान आ जाती थी लोगों में

तुम देखते थे
और लहरें उठ जाती थीं प्यार की

आखिर क्या हुआ कहाँ खो गया सब कुछ?'

मैंने अपने भीतर बहुत बल पैदा किया
कि पूछ लूँ यह सब कुछ
पर कुछ भी नहीं पूछ पाया
बस निहारता रहा उसका उदास चेहरा

उसने गौर से देखा मुझे
चाय खत्म हो चुकी थी तब तक
उसने कहा—चलता हूँ साथी फिर मिलेंगे
और चला गया वह मेरे उन प्रश्नों को साथ लिये
जिन्हें पूछने का साहस नहीं कर पाया था मैं।

जो जल रहे हैं

मेरे पैर जल रहे हैं सर!
खड़ा रहना मुश्किल है मेरे लिए
मेरी हवाई चप्पल अन्ततः टूट गई है घिसटते-घिसटते
अब मेरे पास न चप्पल है न जूता
मैं खुद को सँभालूँ या निहारूँ इंडिया गेट?

कृपया मुझे पंक्ति से बाहर
उधर जाने दें जिधर दूब है

वह दूब ही काम आएगी हमारे
यह चमाचम फर्श उनके लिए है
जिनके पाँवों में लिबर्टी है श्रीमान

गुरुवर, सुनिए न गुरुवर!
ये बार-बार मुझे चुप रहने का संकेत
क्यों कर रहे हैं आप?
देखिए न, आपके पाँवों में शानदार जूता है
मन में तरक्की की ख्वाईश है
जो बिलकुल गलत नहीं है लेकिन मुझे भी तो देखिए!

किसी तरह पढ़ते-पढ़ते पहुँचा हूँ दसवीं तक
आज पड़ गए जो पैरों में छाले

स्कूल आने-जाने के पड़ जाएँगे लाले
आजाद भारत में भी हम वही पुराने काले

कुछ तो नहीं बदला हमारे लिए!

सर, भव्य है इंडिया गेट
उससे भी भव्य राष्ट्रपति भवन
और सबसे अधिक चमक रहे हैं
नार्थ ब्लॉक और साउथ ब्लॉक
और यह सब मैं जानता हूँ बिना देखे ही

शक्ति को देखने जाने की जरूरत नहीं होती सर
उसका अनचाहा बोझ अपनी छाती पर लिए फिरते हैं हमारे जैसे लोग

देखिए, इस समय पैरों के साथ आँखें भी जलने लगी हैं मेरी
सहन नहीं हो रहा है मुझसे
अब और खड़ा नहीं रह पाऊँगा इस तरह
मैं जा रहा हूँ दूब की शरण में
इससे टूट रहा है आपका अनुशासन तो टूट जाए
उसकी टूटन बड़ी नहीं मेरी टूटन से

महोदय, आपका अनुशासन मुबारक आपको!!

कैसे मनुष्य हो!

कैसे मनुष्य हो
जिनसे करनी चाहिए घृणा
उनसे करते हो प्रेम

जिन्हें दुलराना चाहिए अंकवारी में भरकर
उन्हें दुत्कारते हो आवारा कुत्तों की तरह
उड़ाते हो उनका उपहास

कैसे मनुष्य हो
विधाता बनने की इच्छा में
पल-पल हो रहे हो अमानुष!

असमाप्त थूक

मैं नहीं चाहता घृणा करना!

चाहता हूँ
समुद्र हों चारों ओर प्रेम के
ऊँचाइयाँ हों मनुष्यता की पर्वत श्रृंखलाओं-सी
इच्छाएँ हों कुएँ के मीठे जल-सी

मैं किसी स्वार्थ के लिए
टूट कर गिरना नहीं चाहता पीपल के पत्तों-सा
मैं आम के पत्तों की तरह
सजना भी नहीं चाहता पूजा के थाल में

मैं आदमी हूँ अदना-सा
और बना रहना चाहता हूँ अकिंचन
मुझे नहीं तोड़ना इच्छा फल

बहुत अँधेरा है, घुटन है, जूठन है
इच्छा फलों के संसार में

मेरा विश्वास कीजिए
मैं सचमुच नहीं चाहता
किसी से घृणा करना
पर जब भी दिखते हैं दृश्य बजबजाते
मुँह में पैदा हो जाता है असमाप्त थूक।

जब होड़ लगी है होशियारों में

यह कैसा समय है
जब कुछ लोग पांगते चले जा रहे हैं स्वप्न-वृक्ष

कुछ भी छिपा नहीं है
बिलकुल सामने है मानसरोवर की तरह पारदर्शी
पर कोई देखता क्यों नहीं
क्यों नहीं करता हाहाकार

कुछ लोग माँगते चले आ रहे हैं हमारा यकीन
कुछ आ रहे हैं पूरब से
वे धीरे से रखेंगे हमारे कन्धे पर हाथ
और सोख लेंगे तमाम शक्ति-स्रोत
कुछ आ रहे हैं पश्चिम से
कुछ उत्तर से, दक्षिण से, अनजान दिशाओं से
वे धीरे से फेरेंगे हमारे माथे पर हाथ
और ओरा जाएगा हमारा विवेक

आइए, उस तिथि के आने से पहले-पहले आइए
जब विलाप के लिए न बचें भरोसे वाले कन्धे
जब अजनबी की तरह निहारने लगें हम एक दूसरे को
आइए, गले लगकर चीखें साथ-साथ

हे महाबुद्ध!
यह कैसा समय है
जब होड़ लगी है होशियारों में
अँधेरे को अपूर्व उजाला कहने की
जब छल-खल-मल से लबालब भरा है प्रेम!!

घर प्रतीक्षा करेगा

जो नहीं लौटे
घर उनकी प्रतीक्षा करेगा

यह सच बार-बार झाँकेगा पुतलियों में
जो समा गए धरती में
जिन्हें पी लिया पानी ने
जो विलीन हो गए धूप और हवा में
वे लौटेंगे कैसे कहाँ से
फिर भी घर उनकी प्रतीक्षा करेगा

सृष्टि में किसी के पास नहीं
घर जैसी स्मृति

घर कुछ नहीं भूलता
लोग भूल जाते हैं घर।

माँ का सुख

आज हल्दी है
कल विवाह होगा छोटे भाई का

छोटा-सा था कब जवान हुआ
पता ही नहीं चला

इस अवधि में हमारा घर खूब फूला-फला
पर इसी अवधि में एक दिन चुपचाप चले गए पिता
हम सबको अनाथ कर
माँ का साथ बीच राह में छोड़कर

जो घर हँसता था हर पल
उदास रहा कई बरस

आज वही घर सजा है
उसमें गीत-गवनई है
रौनक है चेहरों पर
गजब का उत्साह है माँ में
परसों उतारेगी वह बहू

पाँव जमीन पर नहीं हैं उसके
सब खुश हैं उसके उल्लास में

आज रात जब वह सोएगी थककर
उसके सपने में जरूर आएँगे पिता उसको बधाई देने
उसका सुख निहारने।

धीरे से कहती थीं नानी

मिलने से घटती हैं दूरियाँ
आने-जाने से बढ़ता है प्यार
शरमाने से बचती हैं भावनाएँ
चलने से बनती है राह

जूझना सीखो बेटा, जूझना
जूझने से खत्म होती हैं रुकावटें
कभी-कभी मेरा माथा सहलाते हुए
धीरे से कहती थीं नानी।

किसी सगे की तरह

जो चीजें वर्षों रही हों आपके साथ
उनका किसी दिन किसी स्टेशन से गुम हो जाना
अखरता है देर तक दिनों तक

चीजें आती हैं पैसों से
लेकिन वे महज पैसा नहीं होतीं
एक लम्बा वक्त गुजारा होता है आपने उनके साथ
आपके जीवन में वे होती हैं
किसी सगे की तरह

उनका जाना
महज कुछ चीजों का खो जाना नहीं
किसी सगे का
हमेशा हमेशा के लिए चले जाना है।

उस आँख को ढूँढ़ने के लिए

एक दिन सड़क पर टहलते हुए
परिचितों का हालचाल जानने के लिए
मैंने एक युवक से पूछा—
तुम्हें नौकरी मिली या नहीं?

उसने पल भर मुझे देखा
धीमे से हँसा
और चला गया दूसरी ओर

एक तीसरे ने बताया
इसे मिल गई है नौकरी
लेकिन अभी मनपसन्द शादी की चिन्ता है

उसी समय एक और आदमी गुजरा बगल से
वह गुनगुना रहा था ग़ालिब का शेर
'इब्न-ए-मरियम हुआ करे कोई
मेरे दुःख की दवा करे कोई'

मैं चुप रहा थोड़ी देर
फिर घूमते टहलते मैंने
एक अन्य युवक से पूछा—
क्या हुआ, पूरा हो गया तुम्हारा शोध-कार्य?

उस क्षण वह थोड़ा फिल्मी था
उसने उछाल दिया एक मुखड़ा मेरी ओर
'वफा जिनसे थी बेवफा हो गए'

मैं समझ नहीं पाया
वह क्या कहना चाहता था
लेकिन फिर काम आए एक दूसरे सज्जन
उन्होंने धीरे से मुस्कुराते हुए कहा—
'अभी घायल है यह प्रेम में
जनाब, पी-एच.डी. तो आनी-जानी चीज है'

टहलते-टहलते अब पार्क में पहुँच चुका था मैं
वहाँ मिले एक सज्जन
जिनसे बातों ही बातों में पूछ लिया मैंने
बहुत उदास हैं आप
क्या हुआ?

उन्होंने आर्द्र कंठ से कहा
'जब तक थी
मैंने उसके होने को समझा ही नहीं
अब चली गई तो याद आती है'

एक तीसरे सज्जन आ पहुँचे थे तब तक
उन्होंने झटपट गा दिया—
'तुम चले जाओगे तो सोचेंगे
हमने क्या खोया हमने क्या पाया'

अब निराश होने लगा था मैं
सुबह के समाचारों में इतना दुःख इतनी मसखरी
असह्य लगने लगी थी मुझे

घर लौटकर यूँ ही पढ़ने लगा फिराक़ गोरखपुरी को
जिन्होंने कभी किसी प्रसंग में कहा था—
'फिराक़ इक नई सूरत निकल तो सकती है
बक़ौल उस आँख के दुनिया बदल तो सकती है'

और मुझे लगा
'उस आँख' को ढूँढ़ने के लिए
मुझे बस जरा गर्दन झुकानी थी।

नए कबीर की प्रतीक्षा

कभी कबीर ने याद दिलाया था
'एक लाख पूत सवा लाख नाती
ता रावण घर दीया न बाती'

पर लोग हैं
कि अक्सर भूले रहते हैं

कभी-कभी याद करते हैं राम को रावण को युद्ध को विनाश को
कभी-कभी किसी शवयात्रा में जाते हैं श्मशान की ओर
वहाँ से लौटते हैं छँटाक भर वैराग्य लेकर
जो बिला जाता है कहीं रास्ते में ही

स्थायी सी लगती
आत्मा पर त्वचा की तरह चढ़ी हुई उदासी
केंचुल की तरह उतर जाती है घर पहुँचते-पहुँचते
वे फिर डूब जाते हैं अपने-अपने गोलक में
सिद्ध करने लगते हैं शक्ति के नए प्रमेय

वे भोग लगाते हैं दिखावे के प्रेम का
और डुबकी लगाते हैं
भीतर तक बजबजाते घृणा के सरोवर में

वे याद नहीं करना चाहते सबसे पुराना सबक :
'एक दिन सब चले जाते हैं
कोई नहीं बचता
राजा रंक फकीर'

अजर अमर दिखनेवाली चीजें रीत जाती हैं एक दिन
धराशायी हो जाते हैं शक्ति के सारे समीकरण
समय की आँच पर गल जाते हैं स्वर्ण प्रमेय
बीत जाता है सब कुछ
बस नहीं बीतते प्रेम के कुछ पदचिह्न

किसी सूखती नदी के घाट पर
वे प्रतीक्षा करते हैं एक नए कबीर की।

सरकारों के स्वप्न में

वेतन आयोग की रिपोर्ट लागू करने का समय करीब आ रहा है। कर्मचारी उल्लसित हैं। महँगाई इस कदर बढ़ चुकी है कि मुश्किल से चल रहा है परिवार, कहते हैं बहुत सारे लोग। शायद वेतन आयोग की सिफारिशों से बदल जाए कुछ!

उम्मीद में बीत रहे हैं बहुतों के दिन
बन रही हैं योजनाएँ
आकार ले रहे हैं नए स्वप्न

दूसरी ओर विकल हैं मजदूर। न काम है, न बढ़ रही है मजदूरी हिसाब से। न जाने कितना वक्त बीत गया उन्हें कोई नया वस्त्र पहने। अपनी रसोई में मनचाहा पकवान एक स्वप्न है उनके लिए।

स्वप्न की कोई एक देह नहीं होती
अलग-अलग समयों में
अलग-अलग देशों में
अलग-अलग विचारधाराओं में
वह मिलता है बिलकुल अलग-अलग ढंग से

इस सृष्टि में हर कोई प्रतीक्षा कर रहा है किसी न किसी स्वप्न के फलित होने का।

पर सबसे अलग है
इन दिनों लोकतंत्र में सरकारों का स्वप्न
उनके स्वप्न में सब कुछ है...सब कुछ
बस 'समाज का आखिरी आदमी' नहीं।

धोखा एक अदृश्य घुन है

असफलताएँ तोड़ती हैं आदमी को कुछ समय के लिए
पर धोखे तोड़ देते हैं बाहर-भीतर सब कुछ

असफलताओं से उबर जाता है आदमी
एक न एक दिन मिल ही जाती है
सफलता की कोई पुष्प वाटिका
पर धोखे का अँधेरा
गहरा होता है किसी भी अँधेरे से
धोखा एक अदृश्य घुन है
जो पल-पल चाटता है विश्वास।

सबसे हसीन सपने

अँधेरे में कुछ नहीं दिखता
न घर   न पेड़   न गड्ढे न पत्थर
न बादल   न मिट्टी   न चिड़ियाँ-चुरुँग
हाथ को हाथ भी नहीं सूझता अँधेरे में

पर कैसा आश्चर्य!
दुनिया के सबसे हसीन सपने
हमेशा देखे जाते हैं अँधेरे में ही।

दिल्ली की नींद

वटवृक्ष की पत्तियों के बीच से
उतर रही हैं किरणें
हरियाली से गलबहियाँ करते हुए

इन क्षणों में हर्षित है धरा
उड़ान में हैं पक्षी
चींटियाँ निकल पड़ी हैं अन्न की खोज में
कुछ सुग्गे कलरव कर रहे हैं
अमरूद के पेड़ पर

झर चुके हैं हरसिंगार के फूल
खुशबू उतर आई है दूब की देह में

यह सुबह है अरावली की
सब जाग रहे हैं धीरे-धीरे चारों ओर
टूट रही है लोगों की तन्द्रा
उतार पर है नींद का जादू
पर आश्चर्य!
जिसे जगना चाहिए सबसे पहले
अरावली के मस्तक पर लेटी वह दिल्ली
अभी सो रही है।

जब धर्म ध्वजाएँ लथपथ हैं मासूमों के रक्त से

कल इकतीस जुलाई है
जहाँ-तहाँ याद किए जाएँगे प्रेमचन्द
हो सकता है सरकार की ओर से जारी हो कोई स्मरण-पत्र
पर क्या सचमुच अब लोगों को याद आते हैं
प्रेमचन्द या उन्हीं की तरह के दूसरे लोग?

एक सच यह भी है
परिवर्तन के लिए जूझ रहे लोग
यकीन नहीं कर पाते
सरकारी गैर सरकारी जलसों का
वे गला खखारकर थूकना चाहते हैं
जलसाघरों के प्रवेश द्वार पर
वे प्रेमचन्द के फटे कोट और फटे जूते को
सजावट का सामान बनाना नहीं चाहते
वे उसके सहारे कुछ कदम और आगे जाना चाहते हैं

वे जानते हैं इस महादेश में
फटा कोट और फटा जूता पहननेवाले अकेले नहीं थे प्रेमचन्द
आज भी करोड़ों 'गोबर'
जी रहे हैं जूठन पर
उनके हिस्से में फटा कोट और फटा जूता भी नहीं है

वे प्रेमचन्द के उस जीवन-प्रसंग का महिमा मंडन नहीं करते
उसे बदल लेते हैं अपनी ताकत में

प्रेमचन्द की चेतना को घोल लेते हैं अपने रक्त में
बना लेते हैं अपना जीवद्रव्य

ये वे लोग हैं
जिन्हें अब भी यकीन है
'साहित्य राजनीति के पीछे नहीं
आगे चलनेवाली मशाल है'

वैसे कल सचमुच इकतीस जुलाई है
और यह महज संयोग हो सकता है
मगर एक तथ्य है
कल ही बीती है उनतीस जुलाई
जब देश भर में मनाई गई ईद
और एक खबरिया चैनल के 'एंकर' ने
याद किया 'ईदगाह' को लेकिन
हामिद की दादी को भूलवश बता गया उसकी माँ

कुछ साहित्य प्रेमी नाराज हैं इस घटना से
उनका कहना है
पूरी तैयारी से आना चाहिए 'एंकर' को

इस विवाद पर एक मित्र का कहना है
इस स्मरण को उस तरह न देखें
जैसे देखते हैं बहुसंख्यक
इसे अल्संख्यकों की निगाह से देखें
और सोचें कि जब पूरी दुनिया में घमासान है धर्मों के बीच
जब कत्ल हो रहे हैं बच्चे, बूढ़े, जवान और लूटी जा रही हैं स्त्रियाँ
जब धर्मध्वजाएँ लथपथ हैं मासूमों के रक्त से
तब हिन्दी के एक 'एंकर' को याद तो है 'ईदगाह'।

विद्रोह

प्रकाश भेद देता है
अन्धकार की हर माया
उम्मीद की फसल लहलहाती है
उजाले का साथ पाकर

एक भकजोन्हिया
धीरे से कर देता है विद्रोह
सनातन दिखनेवाले अन्धकार के विरुद्ध
और दोस्त, तुम अब भी पूछ रहे हो
बताओ तुम्हारी योजना क्या है!

जाड़े की बारिश

जाड़े की यह बारिश
प्रेमियों के लिए
दृश्य चाहे जो सिरजती हो
गड़ती है आत्मा में आँख में पाँख में हाथ की गदोरियों में
निर्धनों के
पक्षियों के
मवेशियों के
बिना नागा सुबह उठकर
घर सँवारनेवालियों के

जाड़े की बारिश में
गिरते ओले
गिरते हैं किसानों के सपनों पर

वह चाहे जितनी अच्छी लगती हो
पेंटिंग्स में
फिल्मों में
कुछ कविताओं में
रोजमर्रा के जीवन में अखरती है

जिनके पास कोई कमी नहीं
जो भरे हुए हैं बाहर तक

जिनके पाँवों में लगती नहीं मिट्टी अक्सर
वे भी कहते मिलते हैं
कब बीतेगा यह मौसम
जून जुलाई तो नहीं, फरवरी है।

जैसे मुझे ही पुकार रहे हैं पिता

जब पिता गए
न जाने कहाँ से डगरता हुआ
आ खड़ा हुआ बचपन सिरहाने

याद आया पिता का कोमल-कठोर स्पर्श
गिरते-गिरते उठा लिया जाना गोद में
कुछ फटकारें भी याद आईं त्वचा में सनसनाती हुईं
याद आईं वे सीखें
जो अच्छी नहीं लगी थीं तब
पर जाने कब-कैसे
वे सारी की सारी समा गईं मेरे जीवन में

पिता को गए
अठारह वर्ष बीत गए धीरे-धीरे

धीरे-धीरे मैं भी
आ खड़ा हुआ
उम्र की दोपहरी में

अब मैं पुकारता हूँ अपनी बेटियों को
तो जाने क्यों लगता है
जैसे मुझे ही पुकार रहे हैं पिता
मेरी आवाज में समाकर।

अकेले किसी एक का

दाल का स्वाद अकेले दाल का स्वाद नहीं होता
कुछ हल्दी का होता है कुछ नमक का
कुछ उस पानी का जिसका स्वाद
शब्दों में समा नहीं पाया अब तक
और सबसे अधिक उन हाथों का जो पकाते हैं उसे

दाल का रंग भी
अकेले दाल का रंग नहीं होता
जैसे प्रेम का रंग
अकेले किसी एक का रंग नहीं होता।

सुख

एक छोटी जगह से बड़ी जगह में आकर
न जाने मन छोटा हुआ था
या बिखर गया था विस्तार में

पर एक लालसा अटकी रही
पुतलियों की कोर में

मैं बार-बार लौटता रहा
प्रिया के सौन्दर्य की सघन हरीतिमा में
सुधि-बुधि खोये

निहारता रहा लाज से रक्तिम हो उठी
उसके चेहरे की ऋचाओं को

समय अटका रहा
गुलाब की किसी टहनी पर
फिर गिरा एक दिन
तो छा गया मुझ पर

अब इतने दिनों बाद
जब लौटता हूँ फिर
एक समुद्र है लाँघने को सुख का।

तुम्हारे साथ चलते हुए

कल वसंत पंचमी थी
हम घूमते रहे थे
शहर में
शहर की कई फुलवारियों में

फूलों का निमंत्रण
मादक हो न हो
होता है पवित्र निश्छल विश्वासभीना
मैंने कल ही जाना यह
तुम्हारे साथ चलते हुए

और आज इस क्षण
जब घर में पूरा कर रहे हैं हम
अपने-अपने हिस्से का काम
तुमने बाँध रखा है सिर को तौलिए से
निकाल रही हो झाले कोने-अंतरे से
उन्हीं में से एक-दो आ गिरे हैं तौलिए पर
लटक रहे हैं तुम्हारे गालों पर

ऐसे में तुम अजब-गजब दिखती हो
मेरे टोकने पर हँस देती हो

और सचमुच बदल जाता है मेरी आँखों का रंग
मुझे महसूस होता है
जैसे सृष्टि के सारे फूलों का रंग
उतर आया है तुम्हारी हँसी में।

शुक्रिया मेरी दोस्त!

हे अलि! आओ आज करते हैं कुछ ऐसी बातें
जिन्हें भूलने लगा हूँ शायद मैं

देखो, मैं करना चाहता हूँ
तुम्हारा शुक्रिया
और चाहता हूँ स्वीकार लो तुम इसे

तुम्हें सचमुच मालूम नहीं
जो सूख गया था भीतर ही कहीं
तुमने फिर से भर दिया है वही जीवद्रव्य
न जाने कहाँ से लाकर मुझमें

तुम्हारा शुक्रिया!
हृदय की अतल गहराइयों से शुक्रिया
मुझे यह याद दिलाने के लिए
कि प्रेम में अश्लील होता है आश्वासन
कि शक्ति से नहीं भींगती आत्मा की धरती
कि डर विलोम होता है प्रेम का

शुक्रिया मेरी दोस्त!
शुक्रिया इसलिए भी
कि तुमने जीवन का स्वप्न रहते-रहते
फिर से खोलकर बाँच दिया है वह पन्ना
जो बिला गया था मेरी ही पुतलियों में कहीं।

इस गृहस्थी में

देखो तो कहाँ गुम हो गई रसीद!

देखो न
तुम तो बैठी हो चुपचाप
अब हँसो नहीं खोजो
बहुत जरूरी है रसीदों को बचाकर रखना

हम कोई धन्ना सेठ तो नहीं
जो खराब हो जाएँ हाल-फिलहाल की खरीदी चीजें
तो बिसरा दें उन्हें
खरीद लाएँ दूसरी-तीसरी

हमारे लिए तो हर नई चीज
किसी न किसी सपने का सच होना है
हमारे सपनों में कई जरूरी-जरूरी चीजें हैं
और खरीदी गई चीजों में बसे हैं कुछ पुराने सपने

उठो, देखो न कहाँ गुम हो गई रसीद!

उसे महज एक कागज का टुकड़ा मानकर
भुलाना अच्छा नहीं होगा
वह रहेगी तभी पहचानेगा शो-रूम का मैनेजर

कुछ पुराने-धुराने हो गए कपड़ों के बावजूद
उन्हें बदलना पड़ेगा सामान

अभी बहुत कम है वेतन
मैं नहीं ले सकता क्रेडिट-कार्ड
उपयोगी चीजों के लिए भी नहीं हैं पैसे
मैं नहीं खरीद सकता सजावट के सामान

वैसे अच्छा है
तुम मुझसे ज्यादा समझती हो यह-सब
बड़े हिसाब-किताब से चलाती हो घर
लेकिन इस समय जब मैं हूँ बहुत परेशान
तुम बैठी हो चुपचाप

उठो, देखो न कहाँ गुम हो गई रसीद!

अरे, यह क्या
अब तो तुम्हारे होंठों पर आ गयी है शोख हँसी
लगता है जरूर तुमने सहेज कर रखा है उसे
अपने लॉकर वाले पर्स में
चलो इसी बात पर खुश होकर
मैं भी हँस लेता हूँ थोड़ा-सा

यह अच्छा है इस गृहस्थी में
जो चीजें गुम हो जाती हैं मुझसे
उन्हें ढूँढ़कर सहेज देती हो तुम

मैंने अब तक किए हैं आधे-अधूरे ही काम
जो हो सके पूरे या दिखते हैं लोगों को पूरे
उनका सारा श्रेय तुम्हारा है।

और इसी तरह

मनुष्य की कल्पना से परे
तमाम चीजें सुन्दर हैं दुनिया में
और एक मन है सुन्दरता का सनातन प्रेमी
जो न जाने देह के किस हिस्से में रहता है!

एक ठाँव से गुजरता हूँ
एक ठाँव पर पहुँचता हूँ
मन ललक उठता है
जैसे वही गन्तव्य हो सपनों का

सोचता हूँ : रुक जाऊँ
पर रुक नहीं पाता
सपनों के भीतर से निकल आता है कोई और सपना

मैं पीछे मुड़कर देखता हूँ
और कदम आगे बढ़ जाते हैं
मन भागता है : मैं रोकता हूँ उसे
कभी रोक लेता हूँ कभी टूट जाता हूँ थोड़ा सा

और इसी तरह बीतती जाती है जिन्दगी
ठाँव-ठाँव उजाला

देह भर अँधेरा।

मन को उर्वर बनाने के लिए

इच्छाओं का व्याकरण
सृजित होता है
संवेदनाओं के रण में

संवेदनाओं के इतिहास में
अक्सर नहीं होते नायक
वहाँ मन होता है राग-विराग से भरा हुआ
उसे कहीं से छेड़ना
विकल करना है खुद को

हारना नहीं होता
किसी इच्छा का पूरा न होना

बाबूजी कहते थे
कभी-कभी किसी इच्छा को मारना
जरूरी होता है
मन को उर्वर बनाने के लिए।

किसी दिन मलय समीर की तरह

कहाँ के लिए चले थे
कहाँ पहुँचे!
पलटकर देखा
दूर कहीं धुँधलके में खड़ा था इच्छा-मार्ग

तिश्नगी किस चीज की थी
बुझी किस चीज से
जब सोचा
याद आए पानी के कई चेहरे
बदलते मौसमों के रंग
वे जरूरतें भी याद आईं जिन्हें लाँघ न सका

यूँ ही चलते-गुजरते
जब-जब मिला कुछ
ठहर कर देखा-स्वीकारा उसे
याद आईं साथ-साथ
खेत-खलिहानों में छूट गईं कुछ विह्वल इच्छाएँ

अजब-गजब है यह जीवन का जादू
कभी न रुकता चलता जाता
थाह नहीं इसकी

जो छूट गया
आ न सका संग-साथ हमारे
नहीं रहेगा हरदम छूटा
उठेगा किसी दिन मलय समीर की तरह अपनी जगह से
और समा जाएगा किसी की पुतलियों में!

लाख जतन के बीच

पुस्तक मेले में मिले एक अग्रज मित्र सपत्नीक
बरसों बाद देखा भाभी जी को
बहुत अच्छा लगा
याद आए कुछ बीते दिन, उनके मजाक

हालचाल और इधर-उधर की बातों के बीच
धीरे से कहा उन्होंने पति के कान में
जितेन्द्र तो बुढ़ा गए

हँसे मित्र
जितेन्द्र तो बुढ़ा गए
सुनकर मैं भी हँसा जोर से
पर लगा जैसे उनकी बात में
खनक है किसी अंकित छवि के टूटने की

थोड़ी देर गप-शप के बाद
हम बढ़ गए अलग-अलग स्टालों की ओर

उस शाम लौटते हुए सोचता रहा मैं
भले कोई छिपा ले कुबेर का खजाना
छिपा ले बड़ी से बड़ी बात

रिश्तों का सच
पर छिपा नहीं पाता उम्र

लाख जतन के बीच भी
झाँक ही जाती है वह
देह के किसी कोर-छोर से!

आना

कहीं भी जाना
अनिवार्यत: होता है कहीं से आना

आना ही सत्य है पूरा
जाना तो बस एक प्रक्रिया है
फिर फिर आने के लिए।

खाली मकान हो जाना एक घर का

एक-एक पैसा जोड़कर
अपनी जरूरतों को घटाकर
दिन-रात खटकर बनवाया था पिता ने
सपनों का एक घर

घर के रोशनदान, दरवाजे, बरामदे, सीढ़ियाँ, आलमारियाँ,
सोच-सोचकर
बेटे-बेटियों की रुचियों को समझ-समझकर
बहुत आह्लाद से बनवाया था पिता ने

घर की बैठक में बैठते हुए चमकती थीं उनकी आँखें
वे सोचते थे
उन्होंने मुक्त कर दिया है बच्चों को घर बनवाने की जिम्मेदारी से
इस घर में रहेंगे उनके बच्चे
सुख से स्वाभिमान से प्रीतिपूर्वक

पिता के जीवन में यह घर
स्वर्ग था हमारा

हमारी आत्मा बसती थी इस घर में
पर अब कोई नहीं रहता इसमें

सब गए अपनी राह

पिता के सपनों का यह घर
एक खाली मकान है अब।

जब हँसता है कोई किसान

वह हँसी होती है
महज चेहरे की शोभा
जिसका रहस्य नहीं जानता हँसनेवाला

सचमुच की हँसी
उठती है रोम-रोम से

जब हँसता है कोई किसान तबीयत से
खिल उठती है कायनात
नूर आ जाता है फूलों में
घास पहले से मुलायम हो जाती है

उस क्षण टपकता नहीं पुरवाई में दुःख
पूछना नहीं पड़ता
बाईं को दाईं आँख से खिलखिलाने का सबब।

प्रकृति बचाती रहेगी पृथ्वी को निःस्वप्न होने से

नीले समुद्र पर
बिखरी है चादर नमक की
चेहरा ज्यों पहचाना-सा कोई

इस समय भीड़ में अकेला
दृश्य में डूबा ढूँढ़ता तल-अतल तक कुछ
पहचानने की कोशिश में हूँ कालिदास के मेघ को

युग बीते कितने
बीते पुरखे कितने
टिका नहीं यौवन जीवन किसी का
पर मेघ अभी जस का तस
अब भी उत्सुक बनने को दूत

यह चमत्कार देख
भीतर कहीं से उठती है आवाज
बीत जाएँ मनुष्य यदि किसी दिन
नहीं बीतेंगे स्वप्न उनके साथ

प्रकृति की समूची देह
धीरे से

बदल जाएगी स्वप्न में उस दिन

धरती पर मनुष्य
बचें न बचें
प्रकृति बचाती रहेगी पृथ्वी को
निःस्वप्न होने से।

जीवन के मुंशी

जीवन अंकगणित नहीं है
वह बीज गणित भी नहीं है
वह नहीं है रेखा गणित
कि उसे सिद्ध कर लिया जाए प्रमेय की तरह

वह पटाखा भी नहीं है
जिसे फोड़कर किसी चौराहे पर
आप दर्ज कर दें अपनी उपस्थिति

वह फुलझड़ी भी नहीं है
कि जलती रहे वह
और मुस्कुराते रहें आप

जो जीवन को समझते हैं अगरबत्ती
धुँधुवाते रहते हैं उम्र भर
एक दिन उड़ जाते हैं खुशबू समेत
जीवन को कपूर का तुलनीय माननेवाले

अलग-अलग समयों में
अलग-अलग उम्रों में
बदल जाता है खुद का बिठाया हिसाब

जो नापते हैं जीवन को नपने से
तौलते हैं उसे सफलता के तराजू में
वे इतिहास में नायक नहीं
मुंशी की तरह याद किए जाते हैं।

शमशेर

शमशेर
शमशेर
काल होड़ कवि
शमशेर
शमशेर

लौटता है फिर वहीं
तट पर
देखता भौंचक्क
कोई नहीं अकेला
अबकी मेला
वे भी आगे
कभी जिन्होंने ठेला

चारों ओर हल्ला-गुल्ला
कैसे-कैसे पंडित कैसे-कैसे मुल्ला
कुछ लोग चबा रहे हैं
मजे का रसगुल्ला

अर्थ अभी बाकी हैं शब्दों में
जूझ रहे हैं सब ऊपर-झापर

डर भारी है डूबने का

आखिर कौन करे साहस
सब नहीं होते शमशेर

        शमशेर
        शमशेर
        शमशेर

        मेला
        मेला
        मेला

रेला
रेला
रेला
केवल रेला
पर था अकेला   है अकेला   कवि अकेला

        कवि
        कवि
        कवि शमशेर।

कैंची

गुम हो गयी कैंची
कुछ पल के लिए
गुम हो गया मन का उजास

मैं दु:खी नहीं रह सकता
जीवन भर
लेकिन इस क्षण के दु:ख को
झिड़क भी नहीं सकता

मैं जानता हूँ
कैंची तो मिल जाएगी
पचीस पचास की अधिकतम सौ डेढ़ सौ की
सम्भवत: पहले से अधिक धारदार

अभी कम्पनियों ने
बनाना बन्द नहीं किया है कैंची

कोई उससे जेब काटे नसें काटे
या काट ले जिगर
इससे झुठलाया नहीं जा सकता कैंची के सही उपयोग को

कैंची बनी थी जीवन सँवारने के लिए
अब क्या करे वह
जब कोई बनाने की जगह
बिगाड़ ले या बिगाड़ दे जीवन उससे
काटने लगे उससे आत्मा देश या समाज की

आज सुबह जो खो गई
उसी कैंची से वर्षों पहले
मैंने सँवारी थीं अपनी मूँछें पहली बार

रेखों का मूँछों में बदलना
फिर उन्हें सँवारना
आसान नहीं है
उन धड़कनों को आज शब्द देना

वह कैंची साक्षी थी
मेरे उन पलों और उठते दिनों की
फिर मेरे प्रौढ़ होने
मेरी मूँछों के पकने की भी

जो खो गई
जिसे चुरा ले गया यमदूत-सा कोई
बहुत सारे सामानों के साथ
पुतलियों के ऐन नीचे से
वह तथ्य के रूप में महज एक कैंची थी
जिसकी कीमत इन दिनों सौ रुपये होगी
ज्यादा से ज्यादा डेढ़ सौ

लेकिन मैं इतना ही मानकर अपमान नहीं कर सकता
उसके लम्बे साहचर्य का

मैं जानता हूँ
उसकी यादें हर पल नहीं रह सकतीं मेरे साथ
इस जीवन में बहुत कम हैं खाली पल
और काम हैं बहुत सारे
लेकिन वह जरूर याद आएगी कभी-कभी
औचक
यूँ ही।

एक पूरा स्वप्न

हर सुबह एक नई उम्मीद की तरह हो
हर शाम खुश हो
किसी उम्मीद के पूरा होने पर
कहीं से कोई खबर न आए
ईमान डूबने की
एक मनुष्य के लिए
यह सबसे बड़ा स्वप्न है
उसके इंसान होने के
सबसे ठोस सबूत की तरह

इस विज्ञान समय में
जब सब कुछ सम्भव है तब भी
मनुष्य होना मात्र एक-सा ढाँचा होना नहीं है
सृष्टि में चाहे जितने विकास सम्भव हो जाएँ
रोबोट इनसान नहीं हो सकेगा
हालाँकि मनुष्य के रोबोट में बदलने के खतरे
हर रोज बढ़ रहे हैं
हर रोज बढ़ रही है खाई
मनुष्य-मनुष्य के बीच
अमीरी-गरीबी के बीच
राष्ट्र-राष्ट्र के दरम्यान

आजकल ऐसे लोग बढ़ते जा रहे हैं
जिनके होने से शर्मिन्दा हैं पशु

प्रतिदिन कम हो रहा है आदर
मनुष्य का मनुष्य के लिए
घट रही है संवेदनशीलता
हर क्षण बढ़ रही है आकांक्षा
बढ़ रहा है शक्ति-विमर्श
हर क्षण के हजारवें अंश तक तीव्रतर है लालसा
शक्ति की महफिलों में कोरस का अंग बनने के लिए

निरंतर छीज रहा है आत्मा का रसायन
सूख रहा है मनुष्यता का जीवद्रव्य

एक कम मनुष्यता वाले समय में
चुनौती का शिखर है बचाना
एक साबूत मनुष्य का एक पूरा स्वप्न।

वह बहुत डरता है

यह खड़ी दोपहर है
सूरज चढ़ आया है सिर पर
जबकि लैम्पपोस्ट अभी जल रहे हैं सड़कों पर
सरकार अभी सोई है
लाइनमैन परेशान है
वह बुझाना चाहता है सारी बत्तियाँ
लेकिन बत्तियों के बुझने से खलल पड़ेगी
सरकार की नींद में मनचाहे सपनों में
उसे भ्रम हो जाएगा उजाले का

सरकार को रात के उजाले अच्छे लगते हैं
उसे सूरज बिलकुल नहीं सुहाता
यह अच्छा है उसका घर बहुत दूर है
वह पहुँच के पार है
अन्यथा राजदंड का भागी होता

लाइनमैन डरता है
बीवी-बच्चों का चेहरा उसकी पुतलियों में रहता है
उसे मालूम है
राजद्रोह सिद्ध करनेवालों को
बहुत रास आती हैं विद्रोहियों की आँखें

वे और ही ढंग से समझते-समझाते हैं
'न रहेगा बाँस न बजेगी बाँसुरी' का निहितार्थ

घबराया हुआ लाइनमैन इधर-उधर देखता है
अजीब सी झुरझरी उठती है बदन में
माथे से टपक पड़ता है पसीना
अरावली की पहाड़ियों पर झूम कर खिले हुए कचनार
उसमें रंग नहीं भर पाते फागुन का

वह एक साधारण आदमी है
छोटी-सी नौकरी में खुश रहना चाहता है
वह चाहता है बदल जाएँ स्थितियाँ
वह स्वागत करना चाहता है नए उजाले का
लेकिन सरकार की नजर में नहीं आना चाहता
वह बहुत डरता है राजदंड से।

उदासी का गीत

एक उदासी-सी पसरी है
विश्वविद्यालय की सड़कों पर
गुलमोहर है आभाहीन
बोगनविलिया रंगहीन
अमलतास का पीलापन कुछ और ही आभास देता है

गुमसुम हैं विद्यार्थी, कर्मचारी, अध्यापक
हालाँकि विश्वविद्यालय खुला है
आजकल रोजनामचे की तरह बदलती हैं शिक्षा नीतियाँ

सरकारें अक्सर हड़बड़ी में होती हैं
छोड़ना चाहती हैं अपनी-अपनी अमिट छाप
पर रंग है कि रंग ही नहीं उसमें

विश्वविद्यालय के एक तिराहे पर खड़ा लैम्पपोस्ट
अजनबी की तरह निहारता है दूब को
डर-सा जाता है झाड़ियों की सरसराहट से

अलग-अलग भवनों, विभागों को जानेवाली सड़कों का
मार्गदर्शन करनेवाले बोर्ड
मुस्कुराते नहीं हैं आजकल एक दूसरे को देखकर
एक अपरिभाषित-सा अलगाव है

दो ऐसे चिह्नों के बीच
जिनकी एकता जरूरी है मुकम्मल संरचना के लिए

'जो रास्ता दिखाते थे
भूल चुके हैं रास्ता'

अब शिरीष कब खिलता है
कब झर जाता है
कहाँ उड़ जाती है उसकी गंध
कुछ मालूम नहीं विश्वविद्यालय के वातावरण को

वसंत में चारों ओर
खिले होते थे फूल ही फूल
अब चुपचाप बिना पदचाप
गुजर जाता है वसंत
कभी यहाँ फूल खिलते थे यकीन ही नहीं होता

आजकल कबाड़ियों के चेहरों पर रौनक है
कुछ संजीदा लोग खो चुके हैं रातों की नींद
सपनों का पुरानी इमारत की तरह ढहना
पत्थर की तरह तोड़ता है छाती

सुधीजन हतप्रभ हैं दुखी हैं
पूछते हैं एक दूसरे से
'कौन ठगवा नगरिया लूटल हो'

बरसात में पत्तियों की तरह धुला हुआ
जाने कब देखा था किसने परिसर

जाने कब धीरे से स्वीकार लिया लोगों ने बदलने का नया मतलब
जाने कब भुला दिया अन्तर
धूल के झड़ने और धूल के चढ़ने का

अब नए ऋषियों के समय में
टिकाऊ चीजें फैशन के बाहर हैं
बदलाव प्रकृति का नहीं
प्रेम का नया नियम है

खैर छोड़िए दर्शन की बातें
विश्वविद्यालय की उदासी को
एक 'पाठ' की तरह देखिए
और देखिए विद्वानों की पढ़ंत

उदासी को उसी तरह नहीं 'पढ़ते' हैं चतुर सुजान
जिस तरह पढ़ते हैं कवि।

हिस्से की इबारत

वह बेचैनी में बदलता है करवट
सवेरा एक उम्मीद है उसके लिए
न जाने कहाँ खो गई है नींद
वह उठकर जलाता है गैस
चाय के साथ खींचता है कश नेवी कट का
और याद करता है बीस पैसे वाले पनामा सिगरेट को
और अतीत हो चुके इन्कलाबी दोस्तों को
और उस लड़की को
जो चुपचाप निकल गई उसकी पुतलियों से
एक दिन उस समय जब वह अखबार में
देख रहा था नौकरी का रिजल्ट

किशोरवय का उल्लास डूब गया संघर्ष और पसीने में
उसे याद आते हैं
अचानक कभी किसी ट्रेन में साथ बैठे लोग
पर वह स्टेशन याद नहीं आता जहाँ उतर गए थे वे
अपने हिस्से की इबारत लिखने

जो रात चुपचाप सुला लेती थी
उसकी थकी देह को अपनी गदोरी पर
वह करवटें बदल रही है उसकी आँखों में

जाने यह विकास का कौन-सा पायदान है
जब मनुष्य तो मनुष्य
रात को भी नींद नहीं आती रात में!

उम्र के फूल

एक सुबह एक झरने ने धीरे से
पत्थर के कान में कहा—
हरसिंगार के फूलों की तरह
झरते हैं कभी-कभी उम्र के भी फूल

कुछ निर्गुण निराकार सपने हमेशा टहलते हैं
अलसाई धरती पर

खबर है इन दिनों
एक व्यक्ति अक्सर लेट जाता है
कुशीनारा के किनारे एक स्तूप की परछाईं पर
और भटक रहा है एक जोगी गोरखनाथ का पद गाते हुए

अभी-अभी दिखी है लोगों को एक बच्ची
उस तितली को उड़ाने की कोशिश करते हुए
जिसका एक पंख
तोड़ दिया है किसी क्रूर झोंके ने

ठीक इन्हीं क्षणों में
जब एक माँ जन्म दे रही है
सृष्टि के सुन्दरतम फूल को
कुछ खाए अघाए लोग चिल्ला रहे हैं

धर्म धर्म धर्म धर्म
और अकबकाई हुई चकित जनता
आँखें फाड़े देख रही है उनको
अधर्म की ओर बढ़ते और दौड़ते हुए

लोग चिन्ता में हैं सोच रहे हैं
अब फिर झरेंगे कच्ची उम्र के फूल
जो नहीं होंगे हरसिंगार के फूलों की तरह।

इबादतों के परिभाषित समय में

मौसम कुछ महीनों बाद बदल जाता है
रातें एक सी नहीं होतीं हर रोज
दोस्त मिलते हैं वर्षों बाद यह कहते हुए
कि कितना बदल गया चेहरा बदल गई देह-यष्टि
एकाएक पहचान नहीं पाया
और देर तक पकड़े रहते हैं हाथ
जैसे बीता हुआ वक्त आ गया हो हथेलियों में

वे याद करते हैं बहुत कुछ
कुरेदते हैं स्मृति की राख
शायद दबी हो प्रेम की कोई चिंगारी

हर मुलाकात लिखना चाहती है
उम्मीद की एक नई इबारत
पर इबादतों के परिभाषित समय में
ऐन वक्त पर सूख जाती है स्याही
या टूट जाते हैं कलम के दाँत

यह कितना कठिन है कितना कठोर
अभी समय नहीं है अनुमान का
पर सच इसके सिवा कोई दूसरा नहीं

कि सत्ताएँ तिजारत कर रही हैं संवेदना की
अपने जन्म से

उनसे मनुष्यता की उम्मीद करना
उन्हें शर्मिन्दा करना है।

गोरखपुर

एक

जब गाँव में था
वह सपना था मेरा
जब पहुँचा उसके पास
उसने थमा दी सपनों की श्रृंखला

मैं कुछ समझूँ-बूझूँ उससे पहले
एक दिन अलसभोर में गहरी नींद से जगाकर
उसने धीरे से झुककर कहा कान में—अरावली...अरावली
और मैं निकल पड़ा सपनों की गठरी उठाए

वर्षों बीते
मैं भटका यहाँ-वहाँ
अब रहता हूँ
अरावली की पहाड़ियों पर ही
लेकिन यह अरावली वह नहीं शायद
जिसका जिक्र किया था उसने

किसी दिन लौटा यदि पूरा-पूरा
उससे पूछूँगा सही पता ठिकाना

सम्भव है इस बार
वह निकल आए संकेतों से बाहर

मैंने उसे भरपूर प्रेम किया है
उसने मुझे मुझसे कहीं ज्यादा
उसके करीब जाकर ही मैंने जाना था
मनुष्य की तरह शहर भी
मुक्त करता है प्रेम में।

दो

मैं गोरखपुर में पैदा नहीं हुआ
मेरा बचपन भी नहीं बीता वहाँ
लेकिन जीवन जहाँ से शुरू होता है
ठीक उसी बिन्दु पर मैं समा गया
गोरखपुर की पुतलियों में

लोग कहते हैं
सृष्टि का आधार है प्रेम
पर कैसी बिडम्बना कि सबसे कम है
दुनिया में प्रेम का शऊर

वे भाग्यशाली होते हैं
जिन्हें हासिल हो जाता है प्रेम का सलीका

अपने महाकवि मलिक मोहम्मद जायसी ने कहा था कभी
'गुरु सुआ जेहि पंथ देखावा'
तबसे कितना वक्त बीत गया
करोड़ों लोग बीत गए

अब भी उम्र बीत जाती है
बहुतों को नहीं मिलता कोई गुरु
उन्हें नहीं मिलती कोई राह
पर मुझे मिली

गोरखपुर ने सिखाया मुझे प्रेम का व्याकरण
अदेखे भविष्य को भर दिया प्रेम के उजास से
उसने मुझे
मेरे होने का कारण दिया

'जीवन महज दो आँखों का स्वप्न नहीं'
इस मंत्र को
मेरी आत्मा का रसायन बनाया गोरखपुर ने

और इस तरह
बिना कुछ कहे
वह गुरु बना मेरा।

क्या यह वही आजादी है?

हर बार
जनता चुनती है सरकार
छोटी-छोटी उम्मीदों के साथ
हर बार
दगा दे देती है सरकार जनता को

जब जनता उबरने लगती है सरकार के धोखे से
अचानक नई सरकार
फिर धकेल देती है उसे गहरी खाई में

मीडिया चैनलों के पास खबर है
प्रधानमंत्री के जुकाम की
अभिनेताओं के बदहज़मी की
पर उनके पास बिलकुल समय नहीं है
किसानों मजूरों के लिए

जो पत्रकार झुकता है
किसानों मजूरों की ओर
उसे विदाई का पत्र मिल जाता है

किसानों मजूरों की बात करते-करते
कुछ नेता

एक दिन माफिया में बदल जाते हैं
और किसान मजूर दो इंच और धँस जाते हैं

सुना है बाबा रामचन्द्र के इस देश में
भूमि अधिग्रहण का कानून लगनेवाला है
अब अवध का किसान आन्दोलन बस एक इतिहास है

मेरे एक मित्र का कहना है
हमारा वर्तमान शहीदों के स्वप्न से नहीं
मल्टीनेशनल कंपनियों के गणित से
चल रहा है

आप भी देखिए
यह कैसी स्वतंत्रता है
कि पूँजीपतियों का सारा कारोबार
चल रहा है उधार पर
बैंक खड़े हैं उनके दरवाजे पर
लेकिन 'होरी' को कोई उधार देने को तैयार नहीं

और यदि उसे मिल भी गया उधार
तो प्राणों की खैर नहीं!

सुनिए!
आप ही से कह रहा हूँ
जरा सुनिए!!
यह क्या हो रहा है अपने महान देश में!!!
मुझे कुछ-कुछ भ्रम हो रहा है
शायद दुविधा में हूँ मैं

क्या आप भी हैं?
और नहीं तो बताइए न
क्या यह वही आजादी है
जिसके लिए शहीद हुए थे भगत सिंह?

असल पहचान

आसमान आसमान नहीं समुद्र है
समुद्र समुद्र नहीं आसमान है

बहुतेरे किसान किसान नहीं मजदूर हैं
बहुतेरे मजदूर मजदूर नहीं
थके-हारे किसान हैं

पृथ्वी की सारी स्त्रियाँ स्त्रियाँ नहीं प्रार्थनाएँ हैं
प्रार्थनाएँ प्रार्थनाएँ नहीं आँसू हैं आईना हैं

चारों ओर बिखरे अधिकतर शब्द शब्द नहीं
स्वेद कण हैं संस्कृति के

गालियाँ गालियाँ नहीं
दस्तावेज हैं घृणा की
इनमें से झाँकता है
हजारों साल का स्त्री और दलित जीवन

वैसे आप भी आप नहीं हैं
मैं भी मैं नहीं

हमारी असल पहचान गुम हो गई है
संसद के गलियारों में
बहुराष्ट्रीय कम्पनियों की गोपनीय फाइलों में
प्रधानमंत्री की पुतलियों में।

कवि का प्रकाश

होली बीत गई
दिन ढल गया
रंगों को अपना जीवन बतानेवाला एक चित्रकार
तब तक रहा घर में जब तक बरसते रहे रंग
जबकि पेड़-पौधे खेलते रहे होली
अभी रंगों का खुमार बाकी है गुलाब की पत्तियों में
और मेरी स्मृति में बिलकुल ताजा है कल की रात का रंग
जब देर रात तक बैठे रहे जीवनानन्द दास मेरे साथ
बताते रहे बनलता सेन के बारे में
रंगों के बारे में

मैंने पूछा—
कभी गए क्या महाकवि
श्रावस्ती, लुम्बिनी या कुशीनगर?

सुनकर मेरा प्रश्न
हँसे जोर से जीवन आनन्द से भरे जीवनानन्द
मैं सकुचा गया थोड़ा-सा

मेरी स्थिति भाँप वे बोले—
छोड़ो ये बातें
कवि हूँ

नापता हूँ एक डग में ब्रह्मांड पूरा
और बुद्ध तो बैठे हैं मेरे ही भीतर
ये शब्द हैं जो भटकते हैं कवि नहीं भटकता
वह विसर्जित करता है अपने हिस्से का उजाला
और लोग पथ पा जाते हैं

मैं चकित सराहता अपने भाग्य को
कल रात
बैठा रहा कवि के प्रकाश में।

साहब लोग रेनकोट ढूँढ़ रहे हैं

'हजारों टन अनाज सड़ गया
सरकारी गोदामों के बाहर'

यह खबर कविता में आकर पुनर्नवा नहीं हो रही
यह हर साल का किस्सा है
हर साल सड़ जाता है हजारों टन अनाज
प्रशासनिक लापरवाहियों से

हर साल मर जाते हैं हजारों लोग
भूख और कुपोषण से
हर साल कुछ लोगों पर कृपा होती है लक्ष्मी की
बाढ़ हो अकाल हो या हो महामारी

बचपन का एक दृश्य
अक्सर निकल आता है पुतलियों के एलबम से
दो छोटे बच्चे तन्मय होकर खा रहे हैं रोटियाँ
बहन के हाथ पर रखी रोटियों पर
रखी है आलू की भुजिया
वे एक कौर में आलू का एक टुकड़ा लगाते हैं
भुजिया के साथ भुने गए मिर्च के टुकड़े
बड़े चाव से खाते हैं
रोटियाँ खत्म हो जाती हैं

वे देखते हैं एक दूसरे का चेहरा
जहाँ अतृप्ति है
आधे भोजन के बाद की उदासी है
उनके लिए जो भोजन था
मालिकों के लिए वो बासी है

बचपन का यह दृश्य
मुझे बार-बार रोकता है
पर सरकारों को कौन रोकेगा
जिनका स्थायी भाव बनते जा रहे हैं देशी-विदेशी पूँजीपति
कौन रोकेगा
हमारे बीच से निकले उन अफसरों को
जो देखते ही देखते एक दिन किसी और लोक के हो जाते हैं

कौन तोड़ेगा उस कलम की नोक
सोख लेगा उसकी स्याही
जो बड़ी-बड़ी बातों बड़े-बड़े वादों के बीच
जनता के उद्धार की बातें करती है
और छोड़ती जाती है बीच में इतनी जगह
कि आसानी से समा जाएँ उसमें सूदखोर

वैसे सरकार को अभी फुर्सत नहीं है
अक्सर सरकार को फुर्सत नहीं होती
लेकिन उसकी मंशा पर शक मत कीजिए
वह रोकना चाहती है किसानों की आत्महत्याएँ
स्त्रियों के प्रति बढ़ती दुर्घटनाएँ
वह दलितों-आदिवासियों को उनका हक दिलाना चाहती है
वह बहुत कुछ ऐसा करना चाहती है

कि बदल जाए देश का नक्शा
लेकिन अभी व्यवधान न डालिए
इस समय वह व्यस्त है विदेशी पूँजीपतियों के साथ
स्थायी सम्बन्ध विकसित करने के लिए चल रही एक दीर्घ वार्ता में

यकीन जानिए उसे बिल्कुल नहीं पता
कि बाहर हो रही है मूसलाधार बारिश
और जनता भींग रही है

इस क्षण वह विदेशी मेहमानों के साथ
चुस्कियाँ ले रही है साफ्ट ड्रिंक की
चबा रही है अंकल चिप्स
और बाहर जनता भींग रही है
साहब लोक रेनकोट ढूँढ़ रहे हैं
और हजारों-लाखों टन अनाज सड़ रहा है
सरकारी गोदामों के बाहर।

नेब सराय

सरायों का शहर है दिल्ली!

गाँव का दर्जा पाए
बेर सराय शेख सराय और कुछ अन्य सरायों की तरह
अरावली की पहाड़ियों पर खड़ा है नेब सराय

मध्यकाल में सराय था यह
इक्कीसवीं सदी में भी सराय जैसा ही है
फर्क बस इतना है
अब रात को आकर सुबह निकल नहीं जाते मुसाफिर
जिन्हें ठिकाना नहीं मिलता सपनीली दिल्ली में कहीं और
उन्हें अपनी गोद में बिठा लेता है
पतली गलियों और खुले नाबदानों वाला नेब सराय
ठीक अपने पड़ोसी संगम विहार की तरह

दिल्ली में अलग-अलग है सबकी दिल्ली
किसी की दिल्ली जनपथ पर है
किसी की राजपथ पर किसी की जे.एन.यू. में
किसी की इग्नू में किसी की डी.यू. में किसी की आई.आई.टी. में
किसी की चाणक्यपुरी में किसी की चाँदनी चौक में
किसी की संसद के भीतर किसी की शास्त्री भवन में
किसी की कृषि भवन में

जिन्हें सुविधा है उन्होंने चुन ली है
अपने-अपने अनुसार अपनी दिल्ली

पर हर सुविधा सबके लिए नहीं होती
यह सभी जानते हैं
इसलिए बहुतों की दिल्ली है फुटपाथ पर
बहुतों की ठीक उनके इच्छा के विपरीत

छत की तलाश
ले गई किसी को संगम विहार
किसी को ले आई नेब सराय

जो कमाने आए हैं दूर देस से
उनकी दिल्ली है
नेब सराय और संगम विहार जैसी जगहें

वे उम्मीद हैं उनकी
उन्होंने ही दिया है उन्हें
आकाश के नीचे एक और छत

मैं अक्सर मिलता हूँ नेब सराय के रहवासियों से
वे याद रखते हैं बसों के कुछ नम्बर
मेट्रो के कुछ स्टेशन काम की जगहें
और कभी नहीं भूलते नेब सराय

वह मंत्र की तरह अंकित हो गया है
उनकी आत्मा की स्लेट पर।

वे योद्धा हैं नई सदी के

वे योद्धा हैं नई सदी के
जो गा रहे हैं
नई संस्कृति के सृजन का गीत

जब वे बोलते हैं हमें महसूस होता है
वे हमारा अपमान कर रहे हैं
जबकि वे सदियों की चुप्पी का समापन करते हुए
बस मुँह खोल रहे होते हैं

उन क्षणों में वे अकन रहे होते हैं
अपनी आवाज का वजन
महसूस रहे होते हैं उसका सौन्दर्य
और हम डर जाते हैं

वे हमसे पूछना नहीं
अपने हक का भूगोल स्वयं बताना चाहते हैं
संस्कृति की उपलब्ध सभी टीकाओं को
सहर्ष समर्पित करना चाहते हैं अग्नि को
कहीं कोई दुविधा नहीं है उनमें
वे नई संस्कृति के अग्रधावक हैं सौ फीसद

इन दिनों उनकी वाणी से हो रही अम्ल वर्षा
विषाद है उनके पूर्वजों का

उसका कोई लेना-देना नहीं
किसी आम किसी खास से

वे अनन्त काल से चलती चली आ रही
गलतियों पर अन्तिम ब्रेक लगाना चाहते हैं
भस्म करना चाहते हैं
उस चादर के अन्तिम रेशे को भी
जो कवच की तरह काम आती रही पुराण पंथियों के

सचमुच वे योद्धा हैं नई सदी के
हमारा विश्वास करीब लाएगा उन्हें
वे हमारे खिलाफ नहीं वंचना के विरुद्ध हैं
निश्चय ही हमें इस संग्राम में
होना चाहिए उनके साथ।

बुद्धं शरणं गच्छामि

एक

मैं पूना में हूँ
पूना पैक्ट के लगभग चौरासी वर्ष बाद

बुद्ध के लोक में पैदा हुआ
विचर रहा हूँ अम्बेडकर के लोक में
वहाँ कुशीनगर में असीम शान्ति में लेटे बुद्ध
यहाँ कार्ला की गुफा में
बिराज रहे हैं मुक्ति के इतिहास का दर्पण बने हुए

लोग कहते हैं विचार खुशबू की तरह होते हैं
यहाँ चारों ओर फैली हुई है
स्वाधीन विचारों की खुशबू

मेरे साथ भटक रहे शिवदत्त कहते हैं
बुद्धं सरणं गच्छामि
धम्मं सरणं गच्छामि...

दो

मैं बैठा हूँ पूना के एक सुन्दर सरोवर के घाट पर
शायद कभी इसके जल को छुआ होगा मुक्तिमना भीमराव ने

इन्हीं क्षणों में मुझे याद आ रही है सूखती आमी नदी
जिनके अन्तस में सुरक्षित है गौतम का स्पर्श

जल सरोवर में है
जल आमी में है
जल जीवन में है
जीवन में जल ही जल है
जल में स्मृति है बुद्ध की अम्बेडकर की मुक्ति की

शिवदत्त कहते हैं—
बुद्धं सरणं गच्छामि
धम्मं सरणं गच्छामि...

तीन

यहाँ ज्योति है ज्योतिबा की!

पत्तियों के हरेपन में
पत्थरों की दृढ़ता में
सुरुचि में जागरण में शहर की सुगंध में
ज्योतिबा हैं साबित्री बाई हैं भीमराव हैं

ओ कवि! यह मुक्ति की धरा है
रुको झुको धारण करो

जो हवा उठी थी लुम्बिनी में लगभग ढाई हजार साल पहले
वह पिछली सदी में
पूना आकर मलय समीर बन गई

बाबा साहेब को मुक्ति का सूरज कहनेवाले
प्रिय शिवदत्त कहते हैं—
देखिए पूना का आसमान देखिए
उधर देखिए नागपुर की ओर
और सुनिए यह गूँजती हुई आवाज—
बुद्धं सरणं गच्छामि
धम्मं सरणं गच्छामि...

अलक्षित है बेगमपुरा

नवम्बर का महीना बीतने को है
शाम का धुँधलका गहराने लगा है
बिलकुल खाली है साढ़े आठ की बस
पर इसे जाना ही होगा साकेत

जरूरी नहीं
इस छोर से खाली जा रही बस
उस छोर से भी खाली ही लौटे

सम्भव है उस ओर खड़े हों कुछ लोग
घर लौटने की प्रत्याशा में

घर अब भी निरापद है
सबसे सुरक्षित
इस दुनिया में कहीं से भी लौटने के लिए
स्वागत में उठी हुई घर की बाँहें
कभी नहीं थकतीं
लोग थक जाते हैं

इस समय बस की हेडलाइट से
आँख मिचौली खेल रहा है चन्द्रमा
शिरीष की सुगंध समा गई है चाँदनी में

चाँद बस के साथ चलता हुआ जाएगा साकेत
लौटते हुए लोगों को दिखेगा साथ लौटता हुआ
पर लौटेगा नहीं
आज उसे जाना है बेगमपुरा
आज रात वही है उसकी मंजिल

वह देखना चाहता है
संत रविदास के उस स्वप्न नगर की शब्दातीत गरिमा
महसूस करना चाहता है उसकी शीतलता

वह जानता है
संत रविदास को गए बीत गईं सदियाँ
तरक्की की बढ़ती ही गईं सीढ़ियाँ
न जाने क्या-क्या खोज लिया
क्या-क्या कर लिया आदमी ने
पर अब भी अलक्षित है बेगमपुरा
वहाँ कोई बस नहीं जाती

दुनिया की सारी बसें
लौट आती हैं किसी न किसी साकेत से।

किसी ईश्वर से अधिक विराट

वे तीन सरकारी ड्राइवर थे
जो बातें कर रहे थे विजय माल्या के बारे में
दो लगातार बोले जा रहे थे

पहले ने कहा
अद्‌भुत आदमी है माल्या
ऊसर में फसलें खड़ी कर देता है

दूसरे ने कहा
बहुत शौकीन है वह
तरह-तरह के शौक हैं उसके
पानी के जहाज पर करता है पार्टियाँ
पानी की तरह बहाता है शराब
धन तो मैल है उसके हाथों की
वह किसी के हाथ न आएगा
सबको कर लेगा मुट्‌ठी में

दूसरा जब तक बोल रहा था
पहला बेचैन था कुछ कहने के लिए
टूट रहा था उसका धैर्य

जैसे ही चुप हुआ दूसरा
बोल पड़ा वह

हर साल शानदार कैलेंडर बनवाता है वह
जिसे देखने के लिए सब मरते हैं
जवान तो जवान बूढ़े भी आह भरते हैं

फिर उसने दूसरे के हाथ पर जोर की ताली मारी
हँसा ठठाकर उसके साथ
कि अचानक उसे ध्यान आया तीसरे का

तीसरा जो अब तक चुप था
पहले के कुछ कहने से पहले ही बोल पड़ा
'मैं नहीं बुलाया गया हूँ माल्या की किसी पार्टी में
मैं आज तक नहीं चढ़ा किसी भी जहाज पर
मैं इतना अमीर नहीं कि पी सकूँ अंग्रेजी शराब महँगी बीयर
मैं तो सस्ती भी नहीं पीता
मैं क्रिकेट भी नहीं देखता अक्सर
मुझे अश्लील लगता है आई.पी.एल. में धन का तांडव नृत्य

वैसे तुम लोग गए थे क्या राजाराम के वहाँ
उसके पिता के निधन के बाद?

सुना है बड़ी मुश्किलों से पाला था उन्होंने
अपनी पत्नी के निधन के बाद राजाराम और उसकी बहन को

मैं आज जाऊँगा उसके घर
वैसे तुम लोग कुछ ज्यादा ही परेशान हो
माल्या के बारे में
क्या माल्या की दिलचस्पी है
किसी ड्राइवर या चपरासी की मुश्किलों को जानने में
उसने तो तनख्वाह भी नहीं दिया
कई महीने से अपने जहाजी कर्मचारियों को

आज जब मैं दुखी हूँ अपने दोस्त के लिए
तो क्या वह मेरे साथ जाएगा राजाराम के घर
पीएगा उसके बर्तन में पानी
दुलराएगा उसका मन?

वैसे ये सिर्फ कुछ सवाल हैं
मैं इनका उत्तर जानता हूँ
जब तुम लोग नहीं जा रहे
जो रोज उठते-बैठते हैं साथ नौकरी करते हैं
तो वह क्या जाएगा एक दलित के घर
और यदि वह चला भी गया
तो संचार माध्यम उसे इस तरह
प्रकाशित, प्रसारित और प्रचारित करेंगे
जैसे रव-रव नरक में गया हो कोई त्यागी
किसी का उद्धार करने

हम गरीब हैं
वर्ण व्यवस्था के मारे हैं
लेकिन तमाशा नहीं हैं, यह हमें ही समझाना होगा जमाने को

विजय माल्या की समस्याएँ
एक उद्योगपति की अपनी बनाई समस्याएँ हैं
हम साधारण लोग हैं
बहुतों की निगाहें हैं हमारी रोटी पर
क्षमा करना
मैं कोई माओवादी नहीं, एक ड्राइवर हूँ
लेकिन मुझे ऐतराज है
किसी धन्नासेठ की निजी समस्या को
राष्ट्रीय समस्या में बदलने की कोशिशों पर'

बोलते-बोलते लाल हो गया था उसका चेहरा
शब्द काँपने लगे थे उसके क्रोध की ज्वाला से

मैं वहीं थोड़ी दूर खड़ा था
मेरा मन झनझना गया था पूरी तरह
यकीन नहीं हो रहा था
कोई ड्राइवर सोच सकता है इस तरह

मेरा यकीन जो डगमगा गया था सपनों के बारे में
फिर संभल गया थोड़ा-सा उसकी बातें सुनकर

मैंने देखा उसके दोनों साथी खिसक लिए थे धीरे से
उन्हें लगा होगा शायद खिसक गया है उनका साथी अचानक

मैं रोक न सका अपने को
तेज कदमों से पहुँचा उसके पास
किया एक जोरदार सैल्यूट
जैसे कोई जवान करता है झंडे को

मुझे ऐसा करते देख अकबका गया वह
बिना कुछ कहे ही चला गया दूसरी ओर
शायद उसे फालतू लगी होगी मेरी भावुकता

उस दिन वह एक मामूली-सा ड्राइवर
अपनी आत्मा का पहरुआ
मुझे किसी ईश्वर से अधिक विराट और शक्तिशाली लगा।

गाँव का दक्खिन हो गया है 'आखिरी आदमी'

मौसम बदल रहा है
गाँव में सुगबुगाहट है चुनाव की
अब प्रधानी में बहुत पैसा है

खड़ंजा हो बाँध हो बिजली हो बाढ़ हो अकाल हो
प्रधान की पौ-बारह रहती है

अब भी दफ्तरों में टँगती हैं
महात्मा गांधी और डॉक्टर अम्बेडकर की तस्वीरें
पर कोई ताकना भी नहीं चाहता
महात्मा गांधी के 'आखिरी आदमी' की तरफ
डॉक्टर अम्बेडकर के सपनों की तरफ

इन दिनों लोकतंत्र में
गाँव का दक्खिन हो गया है 'आखिरी आदमी'

पिछली बार पाँच लोग मारे गए थे मेरे गाँव में
प्रधानी के चुनाव में
निकलने नहीं दिया था जबरों ने
दलितों को उनकी बस्ती से
उनके वोट खा गए थे वे
सरकारी योजनाओं की तरह

किसान बदहाल हैं
मर रहे हैं भरी जवानी में
जो बचे हैं उनकी जेबें इस कदर खाली हैं
कि वे भर नहीं सकते बच्चों की फीस
उनके घर में नहीं हैं
किसी के बदन पर साबूत कपड़े

लड़कियाँ भी महफूज नहीं हैं
गाँवों में

अब फिर चुनाव सिर पर है
धीरे-धीरे गर्म हो रही है हवा
लोग अकन रहे हैं एक दूसरे की कानाफूसी
मैदान में उम्मीदवार भी कई हैं
पर 'आखिरी आदमी' को
'कोई उम्मीद बर नहीं आती
कोई सूरत नजर नहीं आती
आगे आती थी हाल-ए-दिल पे हँसी
अब किसी बात पर नहीं आती।'